Trzy Miasta, Rzeki, Pomniki

Usunięcia w sferze architektury
w Nowym Jorku, Berlinie i Warszawie

Three Cities, Rivers, Monuments

Architectural removals
in New York, Berlin, and Warsaw

Pia Lindman

a-i-r laboratory, Centrum Sztuki Współczesnej Zamek Ujazdowski, Warszawa, 2007

Spis Treści/Contents

Trzy miasta, rzeki, pomniki
Three Cities, Rivers, Monuments

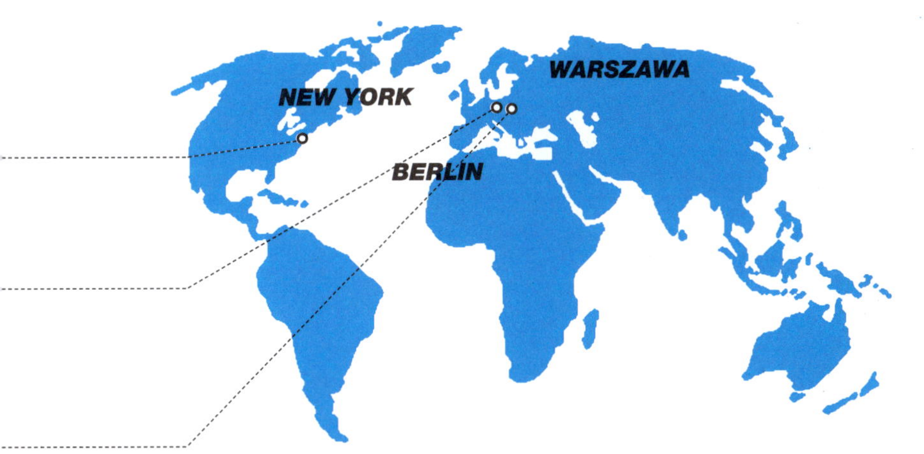

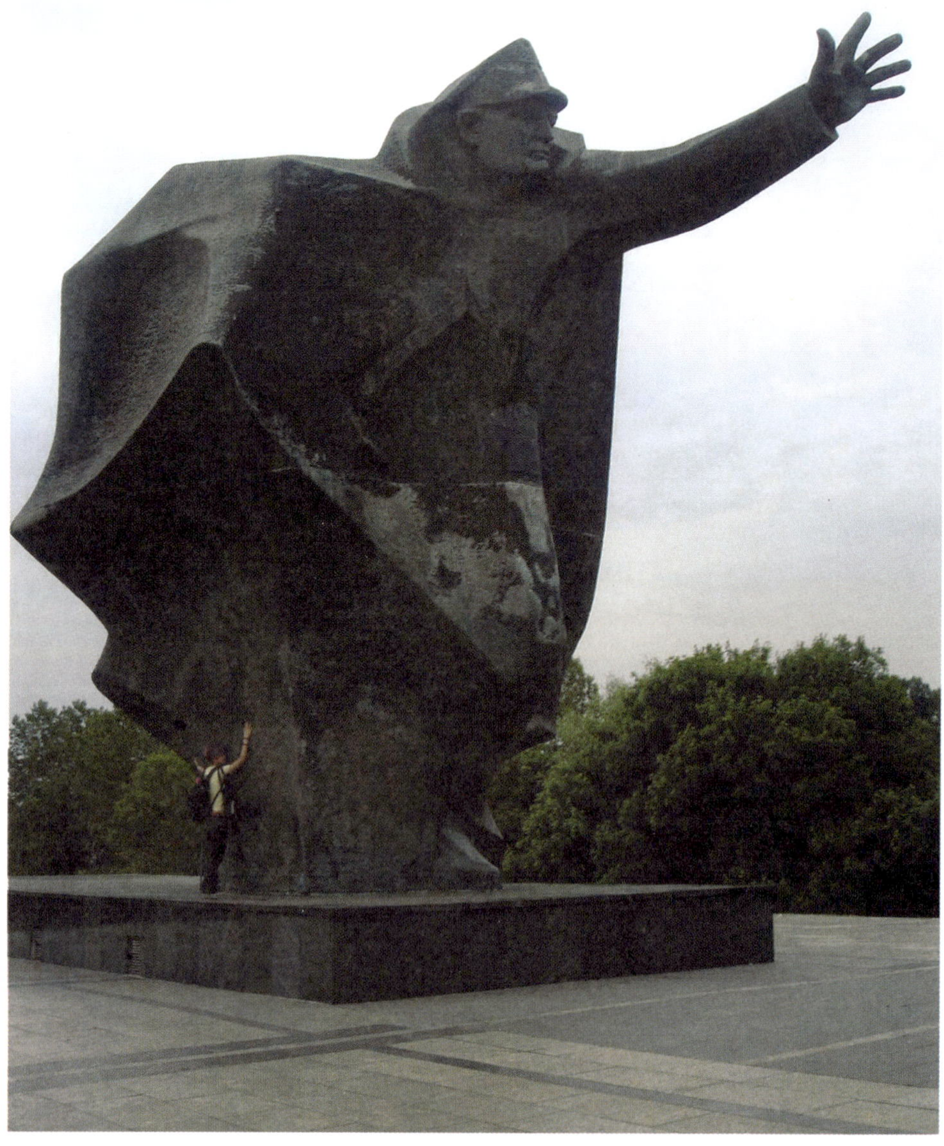

Trzy miasta, rzeki, pomniki
Pia Lindman

Moja sztuka dotyczy doświadczenia życia w mieście i jego reprezentacji poprzez performance i wideo. Filmy nakręcone przeze mnie w ostatnich latach stanowią zapis relacji między masą ludzką a architekturą, która tę masę określa i ukierunkowuje. Wykonuję je w następujący sposób: filmuję główny motyw nieruchomą kamerą, po czym przetwarzam materiał filmowy, tak aby obraz stał się transparentny, po czym dzielę go na jednominutowe fragmenty. Następnie nakładam te fragmenty na siebie w taki sposób, aby widz w czasie jednej minuty mógł obejrzeć cały sześćdziesięciominutowy film w czasie rzeczywistym i zarazem „wielowarstwowo". To sprawia, iż czas i przestrzeń zaczynają drgać do tego stopnia, że niemal się zatrzymują. Oprócz warstwowych, „statycznych" wideofilmów, kręconych w wybranych punktach miasta, robię filmy całkiem innego typu: zanurzam kamerę w morzu lub w rzece, nad którą leży miasto, i filmuję jego panoramę z punktu widzenia ryby. Kołysząca się na falach kamera rejestruje fragmenty budynków, turystów, łodzi i przechodniów; uchwycone wśród rozbryzgów mętnej wody zabytki, ludzie i kawałki śmieci składają się na bezładny, ulotny świat w stanie przejściowym. Rzeki są dla miast szlakami komunikacyjnymi, a czasem również źródłami wody i żywności; moja kamera zanurzona w wody miejskiej rzeki, tworzy więc portret miasta widziany z perspektywy takiej podziemnej arterii.

Linia wodna i **Taras widokowy**
Wiosną 2002 roku, osiem miesięcy po ataku 11 września, zostałam zaproszona do udziału w programie rezydencjalnym *New Views: World Financial Center*, zorganizowanym przez Lower Manhattan Cultural Council [Radę Kultury Dolnego Manhattanu] oraz World Financial Center Art & Events.

Podczas pobytu nakręciłam warstwowy film tarasu widokowego nad lejem po World Trade Center, jednak zamiast skupiać się na miejscu samej katastrofy, sfilmowałam potok tysięcy ludzi wchodzących i schodzących z tarasu. Chciałam stworzyć portret zbiorowego gestu żałoby, któremu architektura tarasu nadała kierunek i formę. Następnie zanurzyłam kamerę w rzece Hudson na wysokości World Trade Center i zarejestrowałam wodne odbicie panoramy miasta, rozpadającej się i ponownie scalającej zgodnie z ruchem fal. Te dwa filmy są obrazem Nowego Jorku po katastrofie i stanowią zapis jego nieuniknionej transformacji.

Szprewa i *Pałac Republiki*

Wiosną 2006 roku w Berlinie zanurzyłam kamerę wideo w Szprewie w tych punktach, gdzie rzekę przecinał mur berliński. Wychowałam się w Finlandii, uważanej za odległy zakątek świata, gdzie globalne prądy podobno nie powinny wpływać na bieg życia. Jednakże obejrzany w telewizji upadek berlińskiego muru głęboko wrył mi się w pamięć – w rzeczy samej zdarzenie to gruntownie przeobraziło polityczno-kulturalny krajobraz Finlandii, oddziałując również na moje życie. Spojrzenie na ślady i skutki owych dramatycznych wydarzeń z poziomu rzeki wydawało mi się zatem podejściem stosownym. Wideo ze Szprewy przedstawia migawki Reichstagu, nowe graffiti na East Side Gallery, Molecule Men i nowy gmach Deutsche Hauptbahnhof, a warstwowe wideo to obraz Pałacu Republiki. Budynek ten jest dla wielu osób bolesną pamiątką przeszłości, o której wolałyby zapomnieć – to pałac kultury z epoki komunizmu, wybudowany na miejscu dawnego zamku królewskiego. Zażarta debata na temat jego przyszłości toczyła się przez niemal dziesięć lat, sporo ludzi sądziło wręcz, że należy go zachować jako część historii narodu. Jednak populizm i amnezja zwyciężyły: do końca 2006 roku pałac miał zostać zburzony – jeszcze jedna z licznych konsekwencji upadku muru.

Praski brzeg i *Papieski krzyż*

Niemal całkowite unicestwienie Warszawy przez Hitlera pod koniec drugiej wojny światowej stawia to miasto, z punktu widzenia moich poszukiwań, w jednym rzędzie z Nowym Jorkiem i Berlinem. Stalin cierpliwie czekał na praskim brzegu Wisły, patrząc, jak Niemcy niszczą lewobrzeżną część miasta: zajęłam więc miejsce Stalina na Pradze i zanurzyłam kamerę w wodzie, aby sfilmować fragmenty nowej Warszawy na drugim brzegu rzeki. Kamera zarejestrowała także impresje z Pragi, trochę zapomnianej dzielnicy miasta, oraz równie zapomniany Pomnik Kościuszkowców. Pomnik zamówiony i wzniesiony przez generała Jaruzelskiego w 1985 roku miał upamiętniać „nieudaną próbę" niesienia pomocy przez Polską Armię Ludową, będącą pod kontrolą Stalina, rodakom walczącym w Powstaniu Warszawskim. Zaledwie kilkaset metrów dalej znajduje się była siedziba stalinowskiego Urzędu Bezpieczeństwa

Istnieje w Polsce jeden pomnik, którego nie zdołał zniszczyć ani nazizm, ani stalinizm: Kościół katolicki. Jan Paweł II był pierwszym Polakiem na tronie papieskim w historii chrześcijaństwa, co jest w Polsce źródłem narodowej dumy. Jego następca, Benedykt XVI, z pochodzenia Niemiec, po raz pierwszy odwiedził Warszawę 28 maja 2006 roku. Nakręciłam film z budowy platformy i ogromnego krzyża, który stał się centrum religijnego zgromadzenia i całej uroczystości. Ten tymczasowy pomnik posłużył jako temat mojego warstwowego wideo z Warszawy.

Oś architektonicznej destrukcji
Pracując nad dwoma pierwszymi filmami z tej serii, *Linia wodna* i *Platforma widokowa* - w nowojorskim World Trade Center w 2002 roku, skupiałam się przede wszystkim na traumatycznych wydarzeniach z najnowszej historii, której sama byłam częścią. Cztery lata później, po nakręceniu w Berlinie rzecznego wideo *Szprewa* i pobycie w Warszawie w maju 2006 roku, zdałam sobie sprawę, że cykl, który tworzę, jest znacznie obszerniejszy. Od chwili ogłoszenia *Raportu o stanie państwa* w 2002 roku prezydent George W. Bush nakłania swoich rodaków oraz cały świat do walki z „osią zła". Chociaż w żadnej mierze nie popieram jego wypowiedzi, uważam jednak, że pojęcie historycznej osi może niekiedy okazać się owocne. Przyjeżdżając do Warszawy po dziesięciu latach, przypomniałam sobie to, co mój przyjaciel Paweł Kwaśniewski mówił podczas mojej pierwszej wizyty na temat zniszczenia miasta pod koniec drugiej wojny światowej. Uświadomiłam sobie wówczas, że wędrując z Nowego Jorku przez Berlin do Warszawy prze-

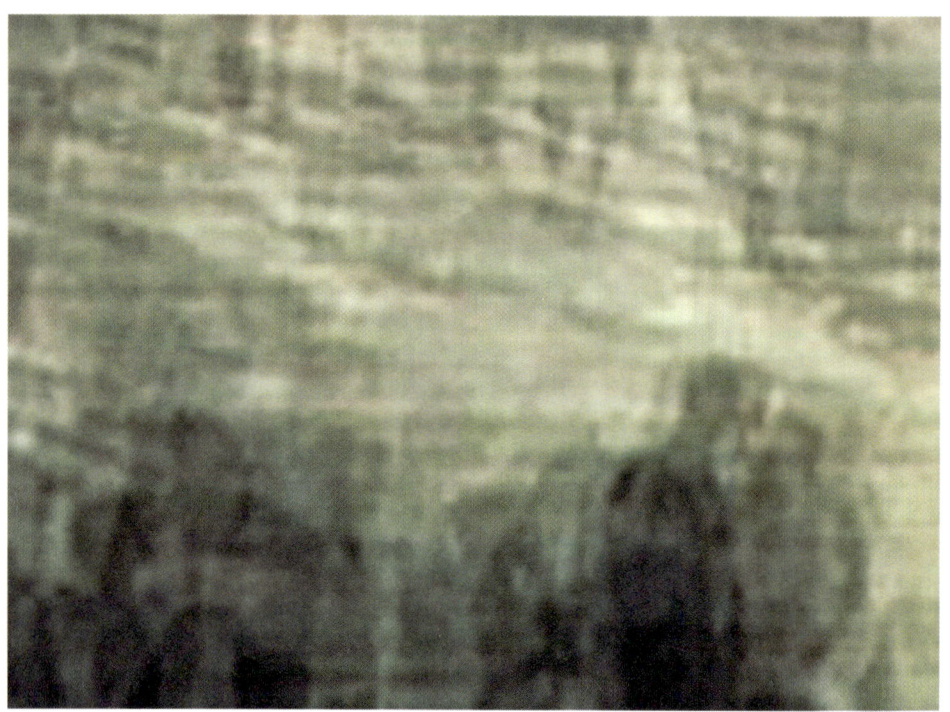

mieszczałam się wzdłuż osi przemocy. Jest to oś skutków historycznych
zdarzeń, które wyrażają się w destrukcji elementów architektury: od drugiej
wojny światowej i zburzenia Warszawy, poprzez zimną wojnę i rozebranie
jej „pomnika" w Berlinie, aż po Nowy Jork i atak na symbole powojennej
globalizacji.

Niniejszy katalog *Trzy miasta, rzeki, pomniki* jest pomyślany jako nietypowy
przewodnik po trzech miastach na osi architektonicznej destrukcji. W każdym z nich poprosiłam jakiegoś pisarza, aby opisał swoje przeżycia, historyczne lub osobiste dotyczące jego miasta. Inspiracją tych tekstów mogły,
ale nie musiały, być moje prace. Otwierając katalog ujrzą więc Państwo
trzy rozdziały, każdy poświęcony innemu miastu i każdy rozpoczynający się

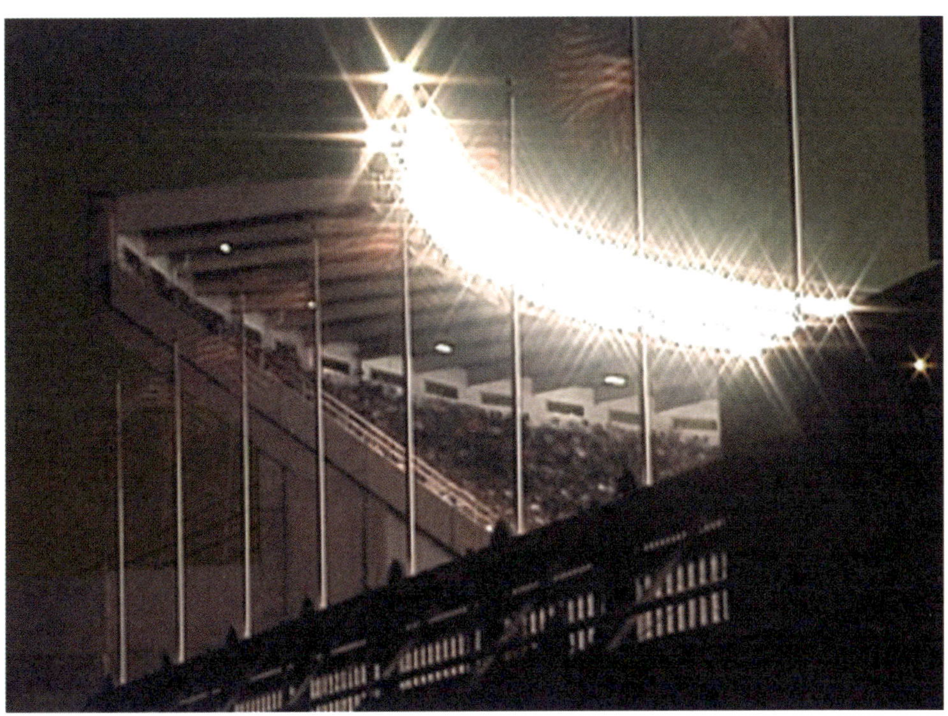

tekstem w dominującym języku: angielskim w Nowym Jorku, niemieckim
w Berlinie i polskim w Warszawie. Dalej pojawiają się przekłady i poczucie
niejasności znika, a klatki z filmów wideo zachęcają do spojrzenia na każde
z tych miast z niespotykanej zwykle perspektywy.

Przełożyła Barbara Kopeć-Umiastowska

Three Cities, Rivers, Monuments
Pia Lindman

My art investigates urban experience and its representation through performance and video. During recent years, I have made videos that record the
relationship between human masses and the architecture that defines and
directs them. I make these videos in the following manner: I film my motif from a
fixed camera position. I render the video footage transparent and cut it into one-
minute segments. I layer these segments on top of each other so that, during
one minute, the viewer sees the entire 60-minute video in real time, yet simultaneously as multiple layers. Consequently, time and motion oscillate to the
extent that they seem to stop. In contrast to these layered 'still' videos, I make
another type of video in select urban sites: I submerge my camera in the sea
or river of the city, recording its skyline seen from the viewpoint of a fish. As the
camera bounces in and out of the waves, it records glimpses of edifices, tourists, boats, and passers-by. Monuments, people, and pieces of trash in murky
waters all become part of a world seemingly helter-skelter, in transition, and
volatile. For cities, rivers provide means of transportation and sometimes serve
as a source for water and food. My video camera, submerged in a river of a
city, creates the city's portrait from the perspective of this subterranean artery.

Waterline and *Viewing Platform*
In the spring of 2002, eight months after the attacks of 9/11, I was invited
to participate in *New Views: World Financial Center,* a residency program
organized by the Lower Manhattan Cultural Council and the World Financial
Center Arts & Events.

In residency, I made a layered video of the viewing platform overlooking
the ruins of the World Trade Center. Instead of focusing on the pit, I filmed

the flow of thousands of people entering and leaving the platform. I was interested in portraying this collective gesture of mourning, given form and direction by the architecture of the viewing platform. I then submerged my camera into the Hudson River at the site of the World Trade Center. The skyline is reflected in the waves, falling apart and reconstituting with them. These two videos document New York City after the disaster and record the inevitable transformation following it.

Spree and *Palast der Republik*

In Berlin, in the spring of 2006, I submerged my video camera into the Spree at points where the Berlin Wall used to cut the river. I grew up in Finland, seemingly a "far corner of the world", where global currents should not affect the flow of life. However, seeing the breaking down of the Berlin Wall on television has remained a powerful memory. Indeed, this event transfigured the political and cultural landscape of Finland profoundly – affecting my life as well. Tracing the remains and consequences of this dramatic event from the perspective of the river seemed an appropriate approach. The *Spree* video records glimpses of the Reichstag, new graffiti on the East Side Gallery, the Molecule Men, and the new Deutsche Hauptbahnhof. I have also made a layered video of the Palast der Republik. This monument is, for many, a painful reminder of a past preferred to be forgotten. It is a cultural palace from the Communist era, built on top of the ancient King's Castle. For almost a decade, a heated public debate has raged over the fate of this palace. Many felt it should remain in its place as part of history. Eventually, populism and amnesia won. The palace is to be torn down by the end of year 2006 – one of the many consequences of the removal of the Wall.

Banks of Praga and *The Pope's cross*

The almost complete erasure of Warsaw by Hitler towards the end of World War II aligns this city with my investigation of New York and Berlin. While the city was being destroyed, Stalin waited patiently on the other side of the river Vistula, on the banks of Praga. I posited myself as Stalin, on Praga's banks, and submerged my video camera into the river, catching glimpses of the new Warsaw across the river. The camera also recorded impressions of a forgotten city, Praga, and its equally forgotten monument to the Polish People's Army (Kościuszkowców Monument). Commissioned and erected by General Jaruzelski in 1985, this monument represents the Polish People's Army's inability to help their countrymen in the Warsaw uprising, as the troops were under Stalin's control. Only a few meters away are Stalin's former Secret Service quarters.

There is one monument in Poland that could not be erased by either Hitler's National Socialism or Stalin's Communism: The Catholic Church. John Paul II was the first Polish Pope in the history of Christianity and a cause for national pride in Poland. His successor, the German-born Benedict XVI came to Warsaw for his first visit on May 28th 2006. I filmed the construction of the platform and the immense cross that became the center of a religious summit and ceremony. This temporary monument serves as the motif of my layered video in Warsaw.

Axis of Architectural Removals

When completing the first two videos in this series, *Waterline* and *Viewing Platform* at the World Trade Center in New York in 2002, my focus was on the immediate traumatic and historical events I myself was part of. Four years later, after having made the river video *Spree* in Berlin and arriving in Warsaw in May 2006, I realized I was working on a larger series. Since his State of the Union Address of the year 2002, President George W. Bush has urged his fellow Americans and the world to combat the "Axis of Evil". While I do not support any aspect of his statement, I think the notion of a historical axis can sometimes be a productive approach. As I came to Warsaw for the first time in ten years, I remembered the stories my friend Paweł Kwaśniewski had told me on my first visit about the destruction of the city at the end of World War II. I realized I had just traveled an axis of violence from New York, via Berlin, and finally to Warsaw. This is an axis of historical consequences expressed by architectural removals. It starts with World War II and the destruction of Warsaw, continues with the Cold War and the dismantling of its monuments in Berlin, and finally reaches New York with an attack on the symbols of post-World War II globalization.

I present this catalog, *Three Cities, Rivers, Monuments*, as an unusual guidebook to each of the three cities in this axis of architectural removals. I have invited one writer from each city to write about experiences concerning their own city, personal or historical. This writing may be inspired by my work or not. Thus, as you open the catalog, you will find three sections, one for each city. Each section starts with a major language spoken in the city, English for New York, German for Berlin, and Polish for Warsaw. Browse further and the opaqueness fades slightly as translations follow and stills from the videos invite you to consider some unfamiliar viewpoints of these cities.

Spojrzenie w stanie rozedrgania, czyli o sztuce Pii Lindman

Eva Scharrer

Na początku mojej kariery w P.S.1 w Long Island City w Nowym Jorku w roku 2000 miałam zwyczaj wpadania do delikatesów na najbliższym rogu, żeby kupić szybką przekąskę na obiad. Pewnego wiosennego popołudnia wpadłam przypadkiem na kobietę w białym mundurku z wpiętym w klapę znaczkiem P.S.1, która przedstawiła się jako Pia Lindman. Nie bardzo potrafiłam się zdecydować, czy mam ją brać za pielęgniarkę, rzemieślnika czy artystkę. Jakiś czas potem zanurzałam się w jej pracy *Public Sauna/Sauna publiczna* (2000), która dawała sposobność prawdziwej kąpieli. Pia Lindman jako uczestniczka zbiorowej wystawy *Greater New York* swoje dzieło umieściła na dziedzińcu P.S.1. Pia zadbała oczywiście, abym przeszła przez cały długi proces pocenia w saunie, a także o to, aby na koniec moje nagie, parujące ciało polać zimną wodą. Od tamtej pory stałyśmy się przyjaciółkami.

Sauna publiczna przenosiła tradycyjne fińskie doświadczenie wspólnej kąpieli w często odwiedzane miejsce publiczne zatłoczonego New York City. W ten sposób zderzone zostały i skonfrontowane ze sobą dwa odmienne zachowania i dwie postawy kulturowe. Publiczna nagość została zderzona z amerykańską pruderią. Artystka stała wtedy ubrana w biały mundur, asystując kąpiącym się, z których niektórzy przyszli po to, żeby doświadczyć sztuki, inni zaś tylko dla przyjemności. W ten sposób stawała się pośrednikiem w żywych dyskusjach, jakie dzieło to wywoływało wśród zwiedzających. Mundur i ciało, surowa dyscyplina przekazu w sferze publicznej i indywidualne doznanie, abstrakcja i fizyczność są stałymi wyznacznikami napięcia w pracy Pii, która pod względem zastosowanych mediów konstytuuje się między instalacją *in situ*, rysunkiem i instalacją wideo. Wszystkie procesy, o jakich pisałam wyżej, kreują i utrzymują przy życiu grę, która

powstaje w relacji między tym, co indywidualne a strukturami społecznymi
i przestrzenią architektury. Ta ostatnia definiuje tutaj to, co „publiczne".

W swojej serii prac Pia zajmuje się odkrywaniem wpływu, jaki żywe doświadczenie związków traumatycznych czy zuniformizowanych zachowań
w świecie korporacyjnym wywiera na jednostkę. W pracach swych artystka
przykrywa niejako własnym ciałem gesty innych ludzi. Jej kolejny *New York
Times Project* (rozpoczęty w roku 2003 i nadal kontynuowany) jest wie-
loaspektową próbą odtworzenia bezpośrednich i wynikających z emocji
reakcji ludzi na wydarzenia 11 września 2001. Pia zapisuje je, począwszy
od 2002, a więc rok po tych wydarzeniach. W tej pracy elementy fizyczne
i psychiczne, a także głęboko emocjonalne aspekty związane z żalem,
rozpaczą i pamięcią ludzi zostały zaczerpnięte z kolejnych wydań „New York
Timesa". Artystka zbierała te fotografie przez jeden rok. Lindman podąża
tropem silnych emocji, odtwarza je, wciela się w nie, na nowo kreśli ich
mapę i znowu podąża ich tropem. W ten sposób kilka razy zatacza ten sam
krąg. Ten wielowarstwowy proces odtwarzania przemienia stopniowo gest
i zachowania mimikry w pewien uniwersalny kod oraz pozwala wyrwać te
gesty żalu z konkretnego politycznego i narodowego kontekstu, w jakich się
pierwotnie pojawiły.

Jednym z podstawowych zagadnień, jakimi Pia zajmuje się w tej pracy, jest
potencjał wpływu na opinię publiczną zawarty w obrazach rozpowszech-
nianych w sferze publicznej przez media. To wystarczający powód, aby
próbować ich użycia do celów propagandowych. I rzeczywiście - oglądając
tę pracę, trudno jest określić, czy owe gesty opłakujące stratę najbliższych
wydarzyły się w Nowym Jorku, Afganistanie, Palestynie, Izraelu czy może
w Kosowie. Owo wyjęcie z określonego kontekstu może być równie dobrze
postrzegane jako dążenie do abstrakcji, jak i wcielenie indywidualnego
doświadczenia. Z jednej strony bowiem każdy gest wyjęty jest ze swego
jednostkowego i określonego kontekstu i włożony w neutralne, szare ramy
obrazka, a jednak nadal składa się z prawdziwie i głęboko odczuwanego
emocjonalnego doznania. Z drugiej jednak strony, poddanie emocji pewnej
formalizacji zostaje ucieleśnione przez Pię w akcie fizycznego wcielenia

i zawładnięcia sferą indywidualnego gestu. Wolna od emocjonalnej lub politycznej interpretacji samego zdarzenia praca ta powstała jako akt fizycznej *mimesis* (aktu pamięci), która w tej samej chwili zarówno przedstawia, jak i analizuje wizualny wyraz pewnej emocjonalnej reakcji na rzeczywistość. W ten sposób daje nam do dyspozycji w formie jakby pustego naczynia gest żalu po zmarłych i zachęca nas do wejścia w jego przestrzeń.

Z kolei trzy eksponowane w parach instalacje wideo *Three Cities, Rivers, Monuments/Trzy miasta, rzeki, pomniki* (2002-2006), które stanowią temat niniejszej publikacji zostały umiejscowione w trzech różnych stolicach – Nowym Jorku, Berlinie i Warszawie – i zajmują się odkrywaniem fizyczności tych miejsc poprzez rozmaite modele trwania w przestrzeni publicznej. Godzinny materiał filmowy zarejestrowany z unieruchomionej kamery zostaje zmontowany, ułożony w warstwy, a następnie skondensowany do jednominutowej sekwencji. W tej pracy udaje się uchwycić przemijanie czasu jako swego rodzaju spotkanie w zaświatach, gdzie można znaleźć ślady obecności ludzi, ale wydają się oni bezcieleśni i wiodą żywot powiększonych, zniekształconych cieni. Jako kontrast do takiego przedstawienia w drugiej części pracy kamera artystki wpada do rzeki i pozostaje tam (w innej fizycznej rzeczywistości) jako swego rodzaju wirtualne ciało, organizm w ciągłym migotliwym i chwiejnym ruchu, pochłaniający i odbijający wszystko to, co przypadkiem znajdzie się w jego zasięgu. Artystka jest w tej pracy tylko pasywnym kamerzystą.

Każda z par składających się na instalację wideo zostaje umieszczona w starannie wybranych miejscach, w których historia głęboko ingerowała w życie codzienne. Jednak zamiast obnażać blizny, kamera Lindman stara się je raczej gorliwie usunąć. Tak więc ten osobliwy zabieg chirurgii plastycznej odbywa się właściwie wszędzie. Już samo to uniemożliwia utrwalenie się w umysłach ludzi gwałtownych zmian, jakie dokonały się w Nowym Jorku, Berlinie i Warszawie. W ten sposób artystka nie pozwala ranom goić się w naturalny sposób.

Tymczasem jej zapadające się w sobie modele upływu czasu w ułożonych warstwa po warstwie pracach wideo wydają się proponować skondensowaną, prawie statyczną i obejmującą wszystko wizję zmian, jaka się w tych miastach dokonała. Mamy tutaj do czynienia z bardzo zapośredniczoną koncepcją upływu czasu. W pracach, w których kamera zanurza się w wody rzeki, czas zostaje uchwycony w formie bardziej fizycznej. Jej praca bezpośrednio odzwierciedla sytuację biernego przechodnia, jego ścisłe zintegrowanie się z otoczeniem, spadanie na łeb na szyję, potrząsanie nim i przesuwanie przez nurt. W końcu przechodzień tylko w ograniczonym stopniu zdolny będzie do oglądania świata, który jest na zewnątrz. Tak oto w wiecznie zmieniającym się nurcie rzeki pamięć podlega ochronie i jednocześnie stale jest odnawiana.

Seria prac, o której tutaj mowa, powstała podczas rocznego pobytu Pii w ramach rezydencji w World Financial Center, gdzie począwszy od wiosny 2002 realizowano program *New Views: World Financial Center/Nowe Horyzonty: World Financial Center*. Następstwa wydarzeń 11 września 2001 były nadal silnie obecne w budynku korporacji (także wokół niego), położonym w samym centrum miasta, tuż obok działki, na której do niedawna stały jeszcze wieże World Trade Center. Podczas pobytu Pii w tym miejscu, z którego najpierw należało uratować jak najwięcej, a później odbudować, ukształtowała się jej postawa wobec zbiorowych form żalu. Tam bowiem miała z nimi najwięcej do czynienia. Przedmiotem artystycznej eksploracji Lindman były po pierwsze strumienie ludzi – pracowników i odwiedzających – przemierzających budynek World Financial Center wzdłuż i wszerz, po drugie zaś zmieniająca się architektura miejsca. Praca wideo *Viewing platform/Platforma widokowa* z 2002 roku przedstawia nieledwie nekrofilski rytuał oglądania miejsca, w którym „to się wydarzyło". Odwiedzający korzystali wtedy ze specjalnie zaprojektowanej przez architektów Dillera i Scofidio platformy widokowej, która powstała zaledwie kilka tygodni po zamachu. Kiedy patrzymy na tę pracę z dystansu, wydaje się ona oscylować między bezwstydnym voyeuryzmem a pragnieniem przezwyciężenia doświadczenia traumy. Tymczasem gdybyśmy zwrócili nasze myśli w kierunku położonego nieopodal cmentarza przy kościele św. Piotra na Manhattanie, praca ta łatwo mogłaby zdać się także czymś na podobieństwo makabrycznego katafalku z duchami.

I oto Lindman odwraca swoje zainteresowania o 180 stopni w stosunku do tego, co robiła w pracy *Platforma widokowa*. W pracy *Linia wodna* z 2002 roku Pia zdecydowała się na zanurzenie swojej kamery w rzece Hudson. Kamera, okrążając południowy koniuszek cypla wokół Manhattanu, przemierza obszar bólu wokół ruin, jakie pozostały po World Trade Center.

Pośród bąbelków i brązowej poświaty dna rzeki widzimy fasady budynków będących siedzibami wielkich korporacji, widzimy odbite na powierzchni wody wszechobecne gwiazdy i paski amerykańskiej flagi. Widzimy także załamującą się nowojorską *skyline*, która za chwilę jeszcze raz się nam ukaże. Gdzieś w oddali pojawia się chwiejąca się i przekrzywiona Statua Wolności. Za chwilę znika. Tymczasem w pracach takich jak *Szprewa* (2006) czy *Praski brzeg* (2006), opartych na tej samej metodzie tworzenia obrazu filmowego, efekt wizualny jest zgoła odmienny. Być może bierze się to z bardziej ziemistego odcienia nieba, jakie rozpościera się nad Warszawą i Berlinem, być może z węższego koryta tamtejszych rzek. W Berlinie kamera zanurzona w wodzie spada na łeb na szyję po linii, wzdłuż której kiedyś mur berliński przecinał koryto Szprewy. W Warszawie oko kamery najbardziej interesuje się jej prawobrzeżną częścią, Pragą, gdzie niegdyś stały wojska Stalina, czekając aż niemieckie bomby zrównają z ziemią część miasta po drugiej stronie rzeki. Chwilowe mrugnięcia, ulotne ujęcia jakich kamera dostarcza nam z perspektywy swego zanurzenia w rzece, są być może przypadkowe, ale przez to nie mniej odkrywcze. Opowiadają bowiem historię tych pomników, które niedawno wzniesiono, a także tych, które zostały utracone.

Pomniki, którymi Pia zajmuje się w swoich pracach wideo, nieuchronnie znajdują się w obszarze konfliktu. Oto World Trade Center, uważane przez wielu za symbol wyższości i pychy zachodniej cywilizacji, ikona kapitalizmu, zostało zniszczone w wyniku ataku terrorystycznego, który pozostawił po sobie traumę. Jednak aktualnym pomnikiem i miejscem pamięci pozostaje dla nas obraz zapisany w pracy Pii, gdzie zbiorowość stoi zapatrzona w zgliszcza WTC. Podobnie w Niemczech pomnikiem jest rozbierany powoli nagi szkielet Pałacu Republiki w Berlinie wschodnim, który jest przecież żywą pamiątką po wielkiej maszynerii NRD-owskiej propagandy. Teraz, po wielu latach publicznej debaty nad jego dalszym losem, Pałac Republiki po oczyszczeniu z azbestu będzie ostatecznie, lecz jakby wstydliwie, poddany rozbiórce. Pomnikiem, który ma reprezentować Warszawę i który, przynajmniej w Polsce, wydaje się niepokonany, jest oczywiście Kościół katolicki. Gigantycznych rozmiarów krzyż, wzniesiony w Warszawie z okazji ostatniej wizyty papieża w maju 2006 roku, będzie ostatnim stojącym pomnikiem, jaki Lindman zdecyduje się umieścić w swojej trylogii. Jednak nadal pozostaje rzeczą niewyjaśnioną czy pomnik ten ma symbolizować nadzieję czy może jest jeszcze jednym wyrazem patriarchalnej dominacji i opresji czy ucisku. Trylogia Pii Lindman zatytułowana *Trzy miasta, rzeki, pomniki* z bardzo odległego punktu poprzez pokazanie sposobów zapośredniczenia w tworzeniu obrazu, podejmuje próbę zrozumienia wpływu, jaki historia odciska na zbiorowej świadomości. Lindman staje tym samym w opozycji do obrazów, jakich dostarczają nam media.

PS. Sama miałam okazję mieszkać w dwóch stolicach portretowanych przez Pię, a w trzeciej przebywałam z krótką wizytą. W tej chwili mieszkam w spokojnej Bazylei, w mieście, które daje mi niezwykłą okazję do oglądania go z perspektywy Renu, rzeki, w której mogę pływać. I oto odkąd kilka razy oddałam się tej przyjemności, moje odczuwanie tego miasta radykalnie się zmieniło. Fizyczne i namacalne doświadczenie wody i przemierzania miasta za jej pośrednictwem daje zupełnie inny, z pewnością bardziej intymny i dogłębny obraz miasta, w którym teraz mieszkam. To samo doświadczenie fizycznej i namacalnej obecności wody w przestrzeni miejskiej nie byłoby z pewnością możliwe ani w Nowym Jorku, ani w Berlinie, ani w Warszawie. Jednak za każdym razem kiedy płynę przez Bazyleę, moje myśli biegną ku Pii. Myślę wtedy o przesuwających się przed moimi oczami miastach, pomnikach i rzekach.

Przełożył Łukasz Gałecki

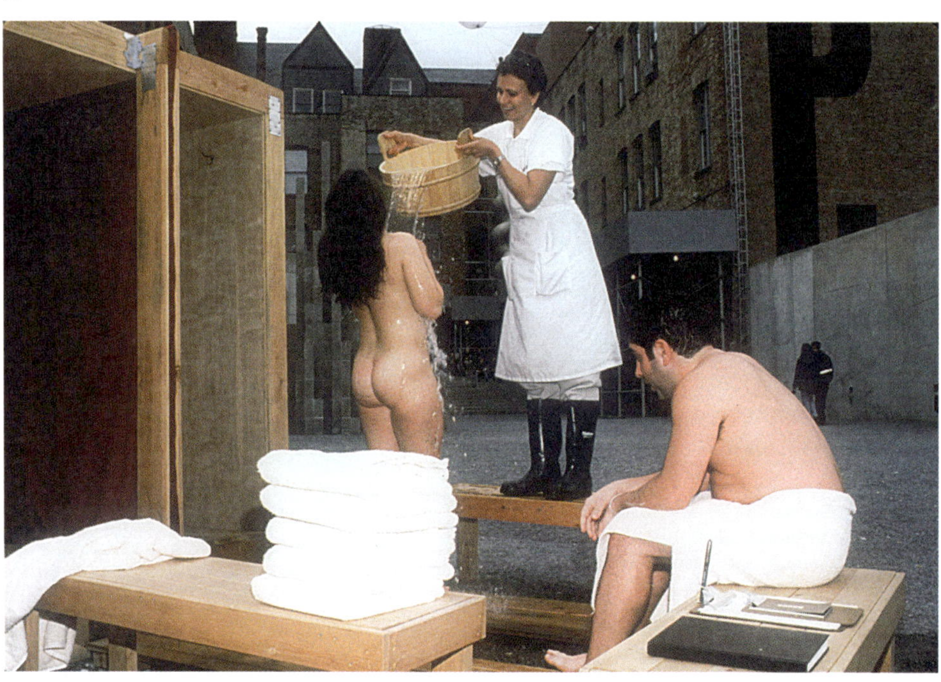

A Shaken Glance:
On the Art of Pia Lindman

Eva Scharrer

I had just started working as an intern at P.S.1 in Long Island City in 2000,
and, like everyone else, I used to run to the corner deli to get my lunch. One
early spring day, I bumped into a woman wearing a white uniform and a P.S.1
badge. She introduced herself as Pia Lindman. I could not make up my
mind if she was a nurse, an installer, or an artist. Not much later, I found myself bathed by her in *Public Sauna* (2000), an artwork she had installed in the
courtyard of P.S.1 for the first edition of *Greater New York. Public Sauna* was
a functioning Finnish sauna, open for the public's use. Pia made sure I went
through the whole sweaty process, and in the end, she poured cold water
over my steaming naked body. We've been friends ever since.

Public Sauna transplanted a traditional Finnish element of shared social
experience into a publicly frequented place in New York City. In this way,
it confronted different cultural behaviors and broached issues of (public)
nudity versus (American) prudery. The artist, in her white uniform, stayed
constantly on the premises, attending bathers (some of whom came for an
experience of art, others just for pleasure), and becoming a mediator for
the discussions that the piece aroused. The uniform and the body - public
regimentation and the individual, abstraction and physicality - are constant
parameters that run through Pia's work, conflating performance, *in situ*
installation, drawing and video. All these processes keep in play the relation
of the individual towards the social and architectural structures that define
the term „public."

In an ongoing series of works, Pia further explores the impact of lived experience on the individual - traumatic moments or corporate behavior - by

inhabiting the gestures of others with her own body. Her *New York Times Project* (2003-ongoing) is a multi-layered reenactment of immediate, affective expressions diffused by the press starting one year after the events of 9/11. The physical, psychological and deeply emotional moments of individual mourning and grief, mapped from the issues of the *New York Times* during a one-year period were traced, enacted, embodied, re-traced and re-enacted by the artist several times. This multi-layered process transforms gesture and mimicry into a universal code, disengaged from the specific political and national contexts out of which it emerged.

One of the issues Pia wanted to address in this work is that images disseminated by public media have the potential of affecting public opinion and therefore may be used for propaganda purposes. Indeed, one could not tell if the grieving took place in New York, Afghanistan, Palestine, Israel, or Kosovo. This de-contextualization can be seen as an abstraction as much as an embodiment of individually lived experience: On the one hand, each gesture is taken out of its individual, specific context, performed in a neutral, grey uniform, and stripped of truly felt emotional expression. On the other hand, this formalization of emotion is embodied by Pia's process of „inhabiting" or reenacting the individual gesture physically. Free from emotional, political, or any other interpretation for that matter, the work was performed as an act of physical mimesis, at once representing and analyzing the visual expression of an emotional reaction. In this way, it made this moment of mourning available as an empty vessel for others to inhabit.

The three pairings of videos *Three Cities, Rivers, Monuments* (2002 and 2006) that constitute the body of this publication, are situated in three different capitals - New York, Berlin and Warsaw - and explore the physicality of place through different models of duration. One hour footage from a fixed camera is cut, layered, and condensed to a one-minute „still", capturing the passing of time as a sort of ghostly encounter, while traces of people remain, making them seem like disembodied, ant-sized shadows. As a counter-piece, the artist's camera submerged into and left within a river frames it as a virtual body – an organism in constant flux, engulfing and reflecting whatever comes along the way, like a non-active cameraman.

Each of these video pairings is situated within a carefully chosen locale - places where history has once made a deep cut into everyday life. But instead of revealing scars, Lindman's camera-eye seems to focus more on their keen removal. Plastic surgery has hastily been taking place everywhere, prohibiting the impact of such rapid changes from settling in people's minds, or wounds from healing naturally.

Whereas the collapsing time models of her digitally layered videos seem to propose a condensed, almost static, over-all vision of change - a highly mediated concept of time - her river-submersion pieces capture time in a more physical, analogue way. They mimic the position of the passive passerby - fused with the surrounding, tumbling, shaken, and moved by „the flow" with a limited point of view of the world outside. Within the rippling stream of the river, memory seems conserved, while simultaneously and constantly renewed.

The series began with the artist's eight-month long residence at the *New Views: World Financial Center* program in the spring of 2002. The aftermath of 9/11 was still evident in and around this downtown corporate building situated right next to the site of the former World Trade Center. During Pia's stay, this space, which changed from what public officials had termed a ‚rescue and recovery' site to a ‚reconstruction site' became the starting point for her investigation on collective forms of grief. This examination included the various reactions of the streams of people - employees and visitors - passing through the building, as well as the changing architecture of the site. The layered video *Viewing Platform* (2002) depicts, in Pia's words, the ‚almost scopo-necrophiliac' ritual of gazing at the ‚site of witnessing' from a structure especially designed for this purpose by architects Diller and Scofidio only a few weeks after the attacks. From a distance, this collective act oscillates between shameless voyeurism and an urge for coming to terms with trauma, and appears like a macabre catwalk of ghosts, appropriately featuring the nearby graveyard of St. Peter's Church in the background.

Turning around 180 degrees from where she filmed the *Viewing Platform*, Pia documented the video *Waterline* (2002) by submerging her camera in the Hudson River as it wound its way around the south tip of Manhattan, at the site of the ruins of the World Trade Center. Between bubbles, reflected sunbeams and brownish depth, we see corporate façades and the omni-present stars and stripes of the U.S. flag reflected on the water's surface, the skyline collapsing and re-appearing, and the Statue of Liberty balanc-ing and sinking in the distance. Based upon the same filming method, the visual outcome of *Spree* (2006) and *Banks of Praga* (2006) is very different in character, perhaps due to the duller shades of Berlin's and Warsaw's skies, or the narrower streams. In Berlin, the submerged camera tumbled along the lines where once the Berlin Wall crossed the Spree, and in War-saw it focused on the banks of Praga, where Stalin stood while the city was almost entirely erased by German bombs. The glimpses the camera deliv-ers from the rivers' perspectives are random, but revealing. They tell of new monuments that have been recently erected, and of those that are lost.

The monuments Pia refers to in her layered videos are equally conflic-tive. The World Trade Center, considered by some a symbol of Western superiority and capitalism, was destroyed by a traumatizing terrorist attack - though the actual monument depicted in the video is that of collective gazing on this grave. In Berlin, it is the skeleton of the former *Palast der Re-publik,* a leftover from the GDR's propaganda machinery, which is just now - finally and unglamorously - being deconstructed after asbestos sanitation and years of public debate about its destiny. The monument representing Warsaw, however, might be the only one that seems to be un-destroyable, at least in Poland: The Catholic Church. The erection of a gigantic cross, on the occasion of the new Pope's recent visit to Warsaw in May of 2006, is the last (standing) monument in Lindman's trilogy. It is unclear whether it is, in fact, a symbol of hope, or just another monument of patriarchal domina-tion and suppression. Lindman's trilogy *Three Cities, Rivers, Monuments* aims to understand from a distant point of view, encircling the impacts of history via ways of mediation that stand in opposition to the images delivered by the media.

P.S. Having lived in two of the capitals Pia portrays, and at least having visited the third, I am now based in Basel - a peaceful city, but one which offers the unique opportunity of swimming through it in the Rhine river. Having done this several times, my feeling for the city has changed. The physical passage via the water that runs through it gives a different, and in some ways more intimate, perspective on the city. The same physical experience wouldn't be possible in New York, Berlin, or Warsaw. But whenever I swim through Basel, I think of Pia and of passing cities, monuments, and rivers.

New York

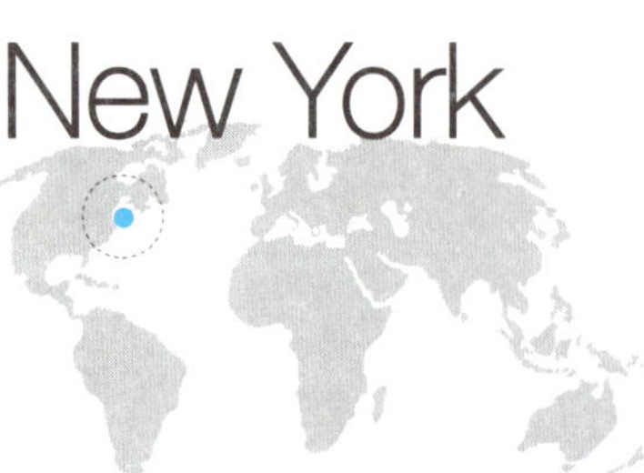

Pia Lindman: The Politics of Grieving
Nico Israel

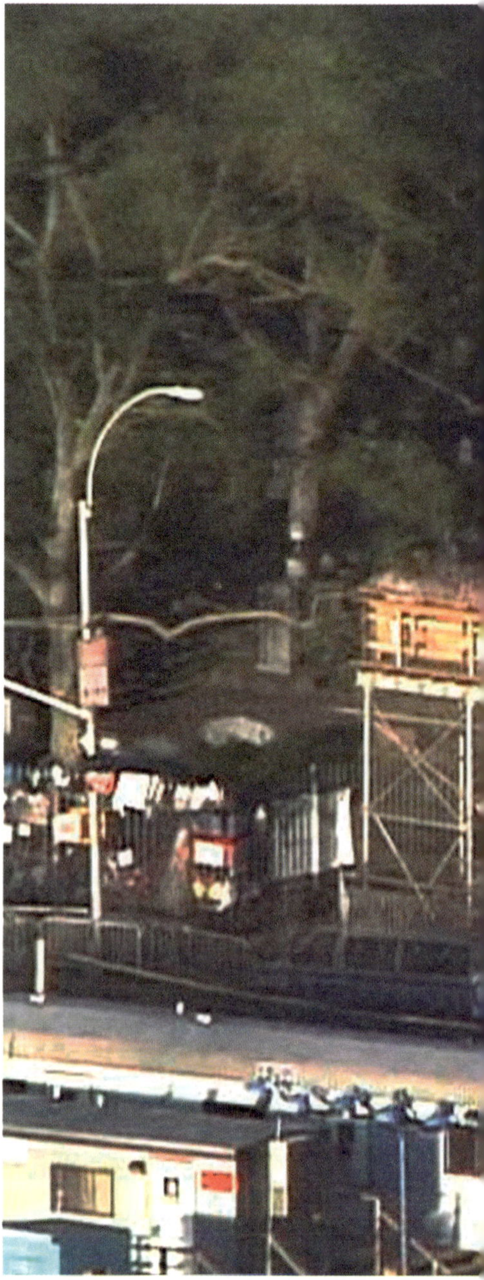

The witness usually testifies in the name of justice
and truth and as such his or her speech draws
consistency and fullness. Yet [when confronting the
Nazi-run death camps] the value of testimony lies
essentially in what it lacks; at its center it contains
something that cannot be borne witness to and
that discharges the survivors of authority. [What
Primo Levi calls the] 'true' witnesses, the 'complete
witnesses,' are those who did not bear witness and
could not bear witness.

> Giorgio Agamben, *Remnants of Auschwitz*

Agamben suggests that, in the apparently
exceptional case of the concentration/annihilation
camps of the Second World War, bearing witness
does not mean simply testifying in a court of law. In
the Nuremberg (1945-1949) and Eichmann trials
(1961-1962) in which a total of 23 men were tried,
twelve men were eventually executed; by no means
can the trials or the executions themselves exhaust
the question of justice. Rather, the very extremity
of the situation, the sheer number of the murdered

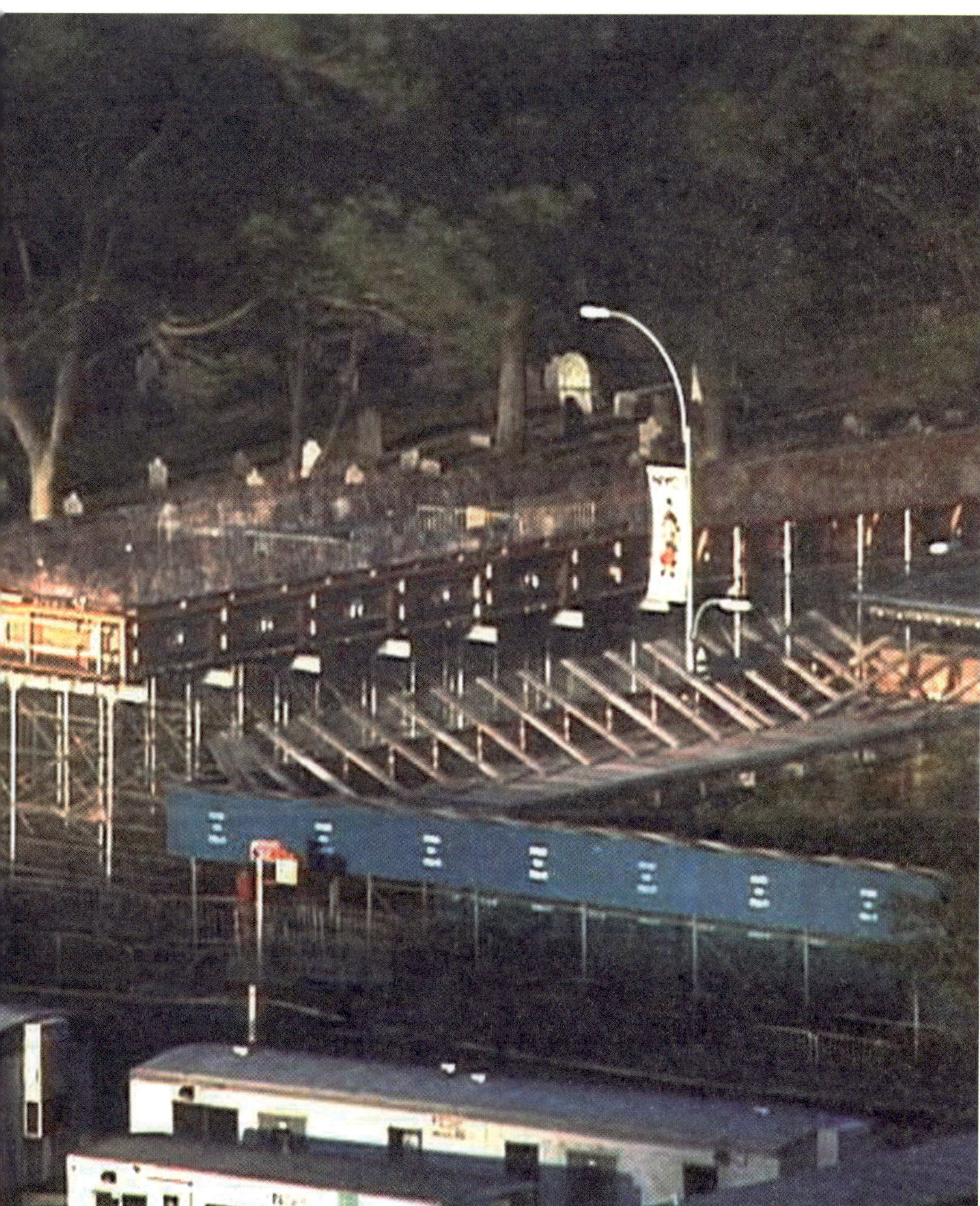

and indirectly killed, exposes a gap between the juridical and ethical realms. Moreover, it points to the crisis at the heart of witnessing: The "true" or complete witnesses, those who were annihilated, could not speak in their own names and thereby ensure an ethical reckoning. How then, Agamben asks, can their annihilation ethically be borne witness to?

Pia Lindman's art illuminates a similar crisis of witnessing, which is also a crisis of modern ethics. Her projects, usually focused on particular *localities*, acknowledge historical traumas by addressing the grief that they cause among the survivors in those places. But Pia is careful never to presume to represent that grief directly; to do so would risk cheapening or exploiting that suffering. Rather, in Pia's work, grief is rendered at once political and ghostly, political *as* ghostly remnant.

My task here is to talk about those artworks or projects of Pia's that revolve around New York, the city where I live, the city which is, as the poet John Ashbery writes, "a logarithm of other cities." More specifically, I will address those "New York" works created after September 11th, 2001: The *World Financial Center Project* (2002), the *Shea Stars Flash* video (2004), and, especially, the extraordinary multi-media *New York Times Project* (2003-ongoing). But each of these projects (and perhaps the last of them most of all) demonstrates that in the era of globalization, New York cannot help being shaped by external forces and cannot help emanating outward into the world. (This fact was not lost on the destroyers of the Twin Towers: It is precisely what made the towers such an obsessively attractive, iconic target).

Each of these New York projects involves or expresses a response to the traumatic events of September 11th, events whose shadow is (still, five years later) cast over everyday life in the city, indeed so much so that, as with the events of the Holocaust, they call into question the very nature of "events" and their aftermath. As trauma, they are never quite experienced directly, at least not by the survivors, but the affect they engender returns, cycles back, wounds—unless, of course, that affect is covered over with recourse to narrative: American flag, declaration of war, return to consumer-driven normalcy. Pia's work exposes what this attempt to repress or distract leaves behind.

To refer to Agamben's work on the ethical necessity of bearing witness, and to assert art's crucial role in witness bearing, is by no means to *equate* either the events themselves or their aftermath with those of the Holocaust. Yet to fail to compare the Holocaust with anything else is to succumb to a dangerous exceptionalism that effectively puts the Holocaust outside of history. And Pia's work concerning the politics of grief places trauma firmly in the center of history. Like Walter Benjamin, the philosopher to whom Agamben owes the greatest intellectual debt, Pia recognizes that the responsibility of the artist or thinker concerning history is to account for the *Namenlos*, those nameless human beings who die apparently without a trace. In this sense, bearing witness means speaking for the *Namenlos*—and by no means only the *Namenlos* who died "inside" the towers.

The *World Financial Center Project* continued Pia's pre-2001 investigations of public space, architecture, and collectivities—for example, the brilliant installation in which she placed a sauna in the courtyard of P.S.1 Center for Contemporary Art—but simultaneously introduced a new aspect of absence or removal. No doubt this owed at least in part to the proximity of the World Financial Center (which sponsored a number of art projects, including Pia's) to the site of the fallen World Trade Center towers, whose very vacancy Pia regularly had to observe, ponder, and endure while creating the work. The videos she produced confront this vacancy by turning, on the one hand, to the sea.

For *Waterline* (2002) part of the WFC project, Pia lowered a camera into the Hudson River from a pier in North Cove Harbor next to the World Financial Center at the very southern tip of Manhattan, directly adjacent to the disaster site. The video camera, resting on the very top of the water, acted like a restless buoy, recording fleeting images of lower Manhattan and the surrounding landscapes of Staten Island and New Jersey (suburban areas whose populations were diminished by over a thousand souls), but also

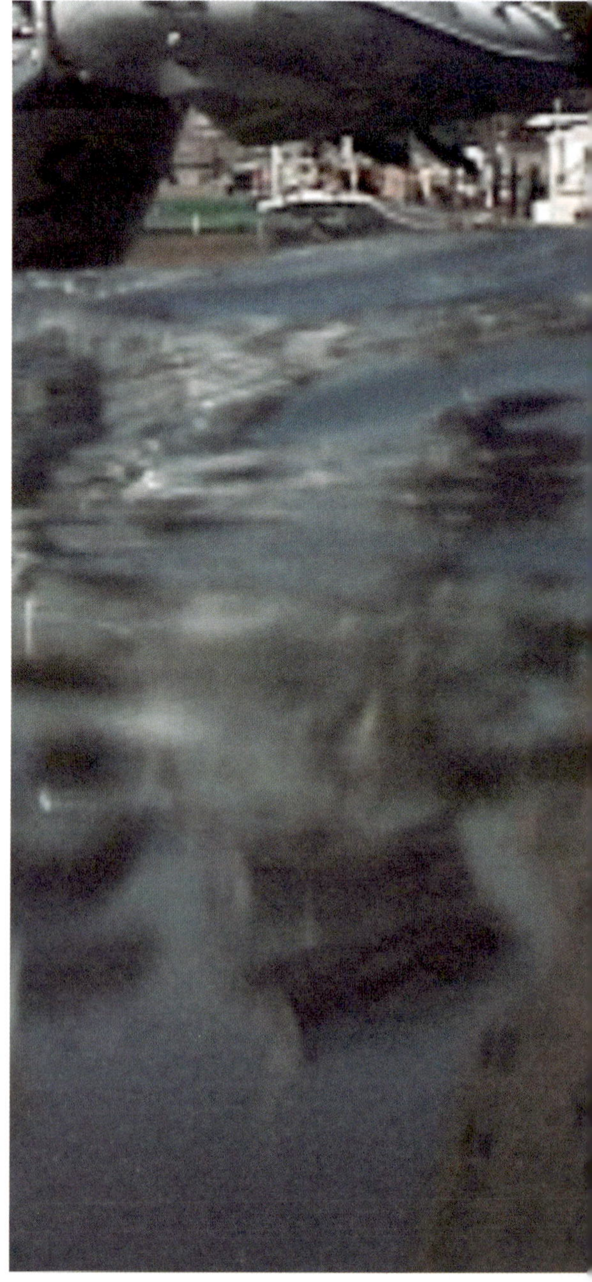

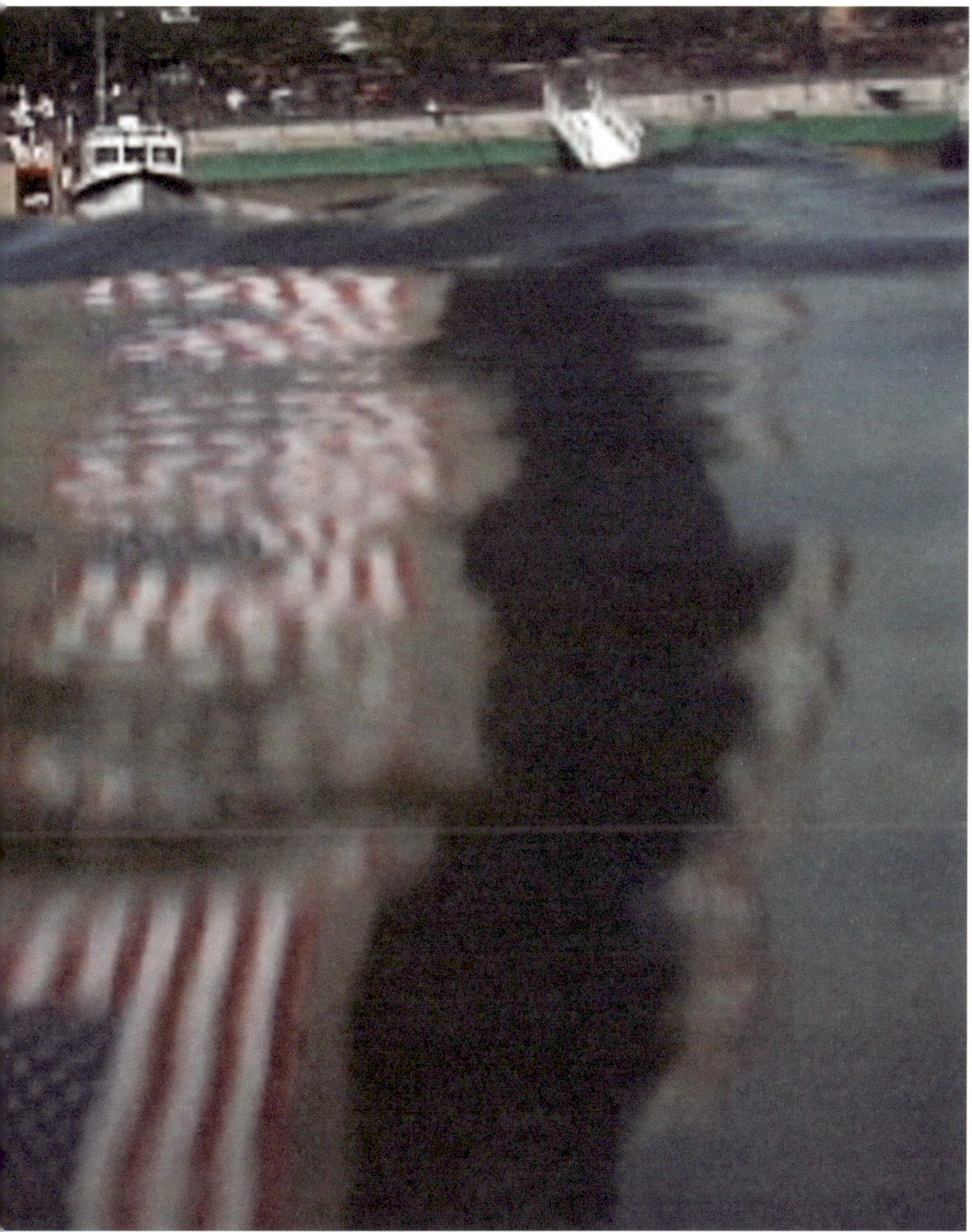

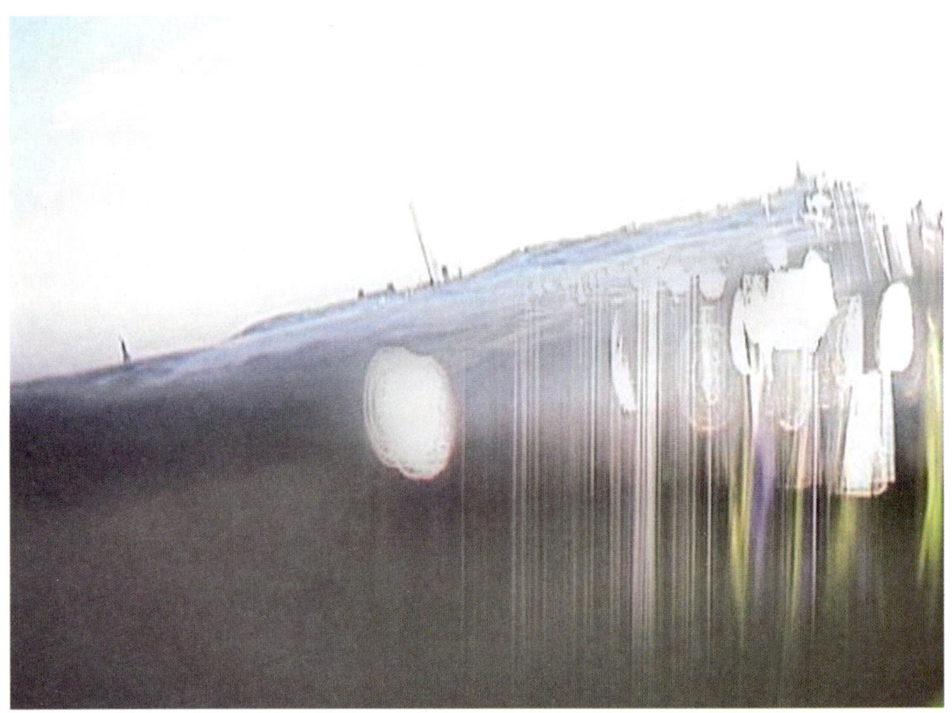

recording its own undulations and sounds. *Viewing Platform* (2002), the
video Pia produced to accompany the water-level images, concerns the
large viewing stands that were constructed across from the WTC site by the
architects Diller and Scofidio immediately after the tragedy. These stands
were, for the most part, used by tourists who, after obtaining tickets and
then standing in line, flocked to see the holes in the ground, newly dubbed
"Ground Zero." The camera holds a shot of the stands as viewers enter,
look for the maximum-allowed-five-minutes, and exit. Condensing one hour
of video into one minute, Pia makes the pictured viewers' features indistinct,
indeed transparent. This very transparency allows us to see the tombs in
the graveyard of Trinity Church, which was first chartered in the seventeenth
century, while also sensing other ghosts: The African burial ground, hous-

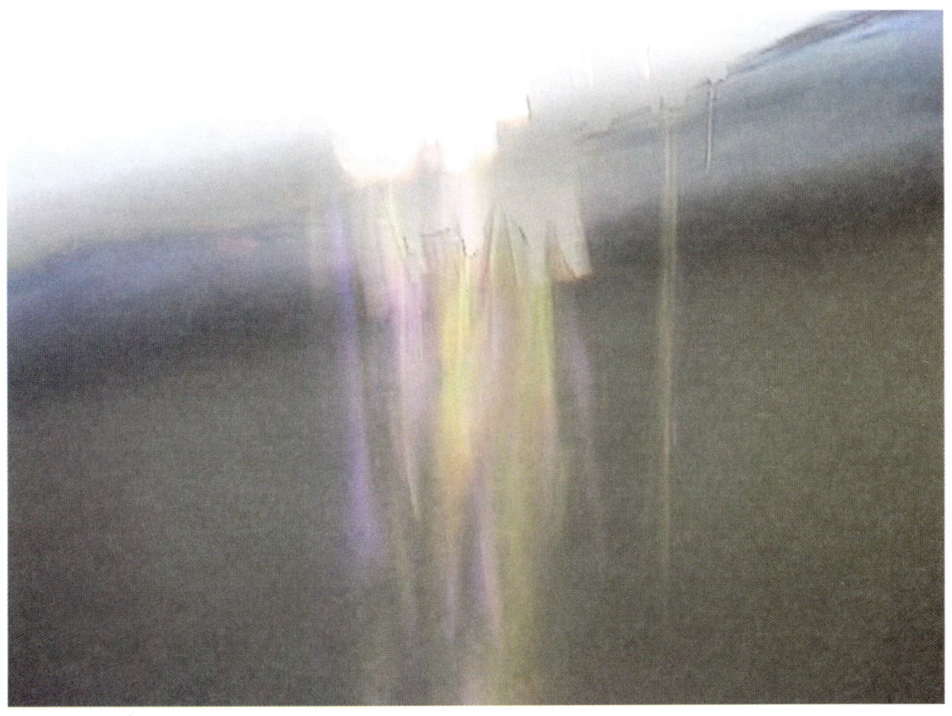

ing several hundred African-Americans banned from burial at Trinity and segregated in their own graveyard nearby (and only discovered in the early 1990s).

In viewing the shots of the sea in conjunction with the images of the viewing stand, the beholder senses a different framing of time: From the perspective of the flowing water, the event-driven urgency of human history might seem quite alien. What, one might wonder when watching and listening to the lapping of the waves and sound of the wind, did the sea think of New York's earliest inhabitants? The legendary "purchasing" of Manhattan by European settlers for trinkets? The arrival of hordes of immigrants and slaves? The eventual loading down of almost every inch of the island with brick and steel? The explosions and black billowing smoke against a crystalline blue sky on that September day?

Shea Stars Flash extends this set of questions about events and witnessing into urban spaces a few miles removed from "Ground Zero." Shea Stadium, named after William Shea, the civic booster/attorney who spearheaded its construction, is the home field of the New York Mets (originally Metropolitans, odd name for this most cosmopolitan of cities), a team that was created in 1962 in part to replace the departure of the beloved Giants and Dodgers, both of which had fled to California in 1957. The stadium was built in the expanding borough of Queens at the time of the World's Fair of 1964, an event whose Space Age ideas and architecture were thoroughly inflected by Cold War politics: Anyone who has seen the Unisphere sculpture, one of the few remnants of the Fair, can attest to this. Queens is often thought of as a rump borough; most tourists (and many Manhattanites) don't even recognize that it is part of the city. But over the past two decades, it has become home to hundreds of thousands of immigrants from all over the world, the vast majority of them working class.

The Queens Museum of Art sponsored Pia's project, but initially the Mets, like every baseball team highly proprietary about their image and logo, balked at her proposal to film during a baseball game. Ultimately the use of images was strictly circumscribed—no player faces or names could be used—which suited Pia's project perfectly. She was less interested in the game itself than witnesses to the game, and the odd architectural bowl that temporarily housed those witnesses. The resultant video immediately brought to mind the brilliant 1923 William Carlos Williams poem "At the Ballgame," of which an excerpt will have to suffice:

The crowd at the ball game
is moved uniformly

by a spirit of uselessness
which delights them —

all the exciting detail
of the chase

and the escape, the error
the flash of genius —

all to no end save beauty
the eternal -

So in detail they, the crowd,
are beautiful

for this
to be warned against

Like Williams, whose poetry always had a strong link to the visual arts, Pia
recognizes the crowd's stupidity and its incipient violence ("It is the Inquisi-
tion, the/Revolution," writes Williams), yet also its beauty, a beauty that
resides in the "uselessness" of the entire enterprise it is witnessing. Unlike
Williams, Pia shows us no trace of human faces; instead she abstracts the
crowd further. Her looped video features time-lapse photography that only
reveals bright flashes from cameras in the crowd, flashes that respond to
"flash[es] of genius" on the field that remain obscure to the viewer.

The effect is at once further to alienate the viewer of the video from the
now-long-completed spectacle, perhaps thereby reminding the viewer
of "lapsed" political events that have occurred in sports stadiums all over
the world from Nazi Germany in the 1930s to Chile and Argentina in the
1970s—and, when taken in the context of the then-two year old "events" of
September 11th, to commemorate the dead (via ephemeral incandescence,
like lighting candles) in a collective space in which the fans have assembled
in part to *forget* politics. And yet… every ball game in the US begins with
a singing of the national anthem, "The Star Spangled Banner." After September 11th, some teams added a second song for the break in the game

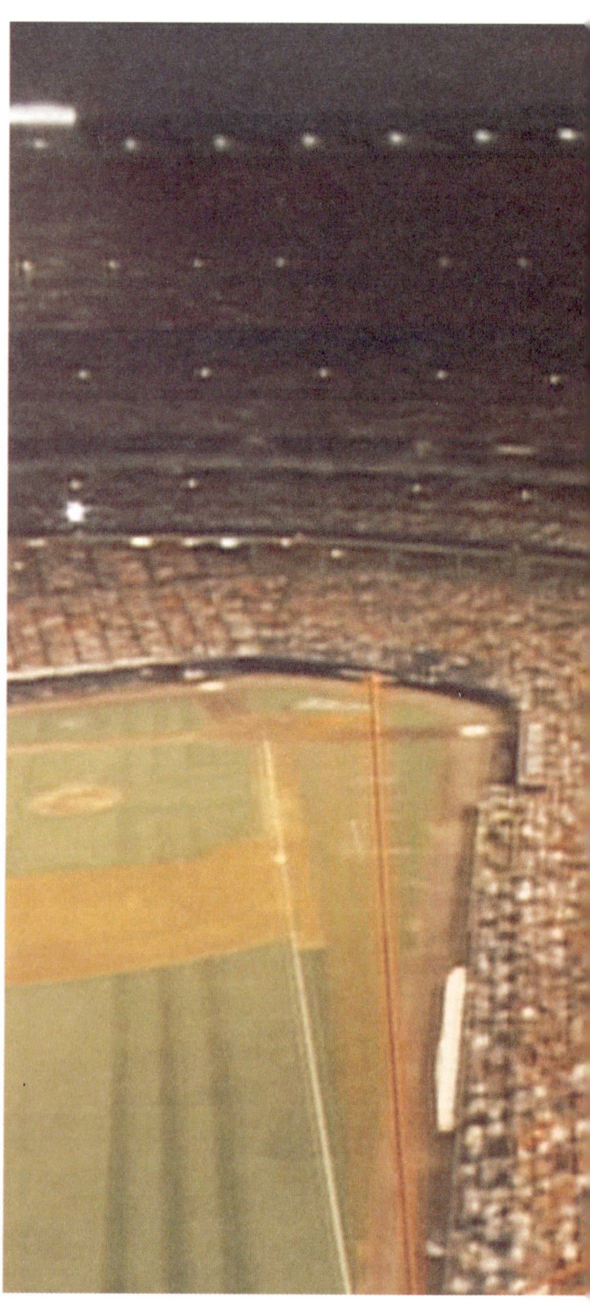

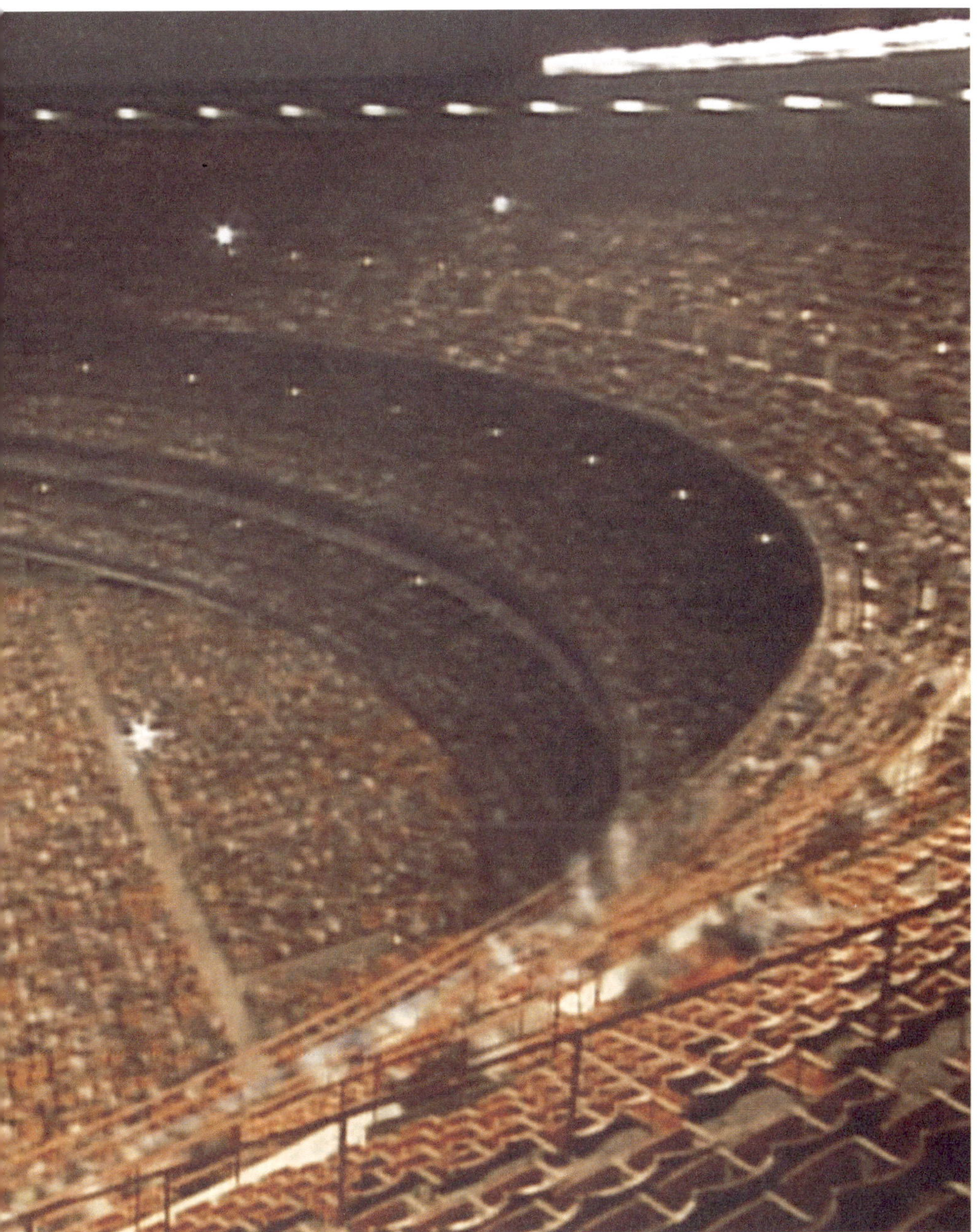

called the Seventh Inning Stretch in which the audience is supposed to stand up and sing; the happy drinking song "Take Me Out to the Ballgame," celebrating delightful uselessness, was replaced by Irving Berlin's rousing patriotic ditty "God Bless America." Stars—and stripes—flash up in moments of danger.

The *New York Times Project* allowed Pia to return to her earlier interests in both performance and drawing. A year after September 11th, she began to collect photographic images printed in the *New York Times*, the self-proclaimed US "paper of record," in which grieving bodies were portrayed. Predictably, given the preponderance of grief in the world on any given day—in response to bombing or an invasion or public funeral interrupted by gunfire, but also to a flood, earthquake or *New York Times*-worthy "natural disaster"—by the end of one year she had collected hundreds of images, of men, women, and children – furious, dejected, abandoned, or utterly beside themselves. From this corpus of images now removed from their adjoining news articles and captions, Pia made some 400 drawings—not interpretations but actual tracings. As tracing tends to efface details, the drawings served further to abstract the "original" photojournalistic framing of grief. Then, during a series of public performances, Pia acted out versions of her own drawings, always attentively *re-presenting*, as opposed to merely representing, the images of grief. The viewer, (at least) three degrees removed from any original gesture, witnesses the Brechtian *Verfremdungs-effekt* of the tragic-theatre of the newsworthy, and is further encouraged to consider whether even the original expression of grief is beyond or outside of language.

Live, theatrical performances are always singular, but Pia often changes the context of her performances, thereby accentuating their status as "events" produced by actor and audience. I saw the *New York Times Performance* at *the lab* gallery on the corner of 47th Street and Lexington Avenue, not far from the once-bedraggled, now-Disneyfied Times Square, on an autumn evening only two years after 9/11. I watched Pia as she stood in the window facing the street, and watched as people from the street watched as she, donning a grey worker's uniform conspicuously ungendering her, held shriekishly horrid poses for a few seconds, stopped, turned the page from her book of traced drawings, calmly composed herself, and worked her way into a new grief-drenched pose, glancing in the mirror to make sure she "got it right." Few besides her friends, the gallery workers, and a few art aficionados could or would bear to watch for more than a few poses. Most of the audience—in that part of town, there are many tourists, but also people coming to and leaving work—may have felt, as they often do when encountering challenging contemporary art, that some sort of obscure joke was being played on them, and they moved on sheepishly. But in ignoring the spectacle of suffering, they were inadvertently participating in Pia's piece.

Watching the performance, I was reminded of W.H Auden's poem "Musée des Beaux Arts," concerning how suffering "takes place/ while someone else is eating or opening a window or just walking dully along," and felt that this is precisely the way the vast majority of the world responds to the grief of others: Quickly consuming it, feeling something for a moment (perhaps some confusion), and moving on to the next repulsive spectacle. And Pia's *New York Times Performance* would be remarkable enough for demonstrating this process. But it occurs to me now that this observation itself does not go far enough in penetrating the network of meanings amid the dispersal of grief. As Susan Sontag, in her last work, "Regarding the Pain of Others," notes, "No 'we' should be taken for granted when the subject is looking at other people's pain," and this is equally true of observing others observing the pain of others: By no means is Pia, or am I, or are you, exempt from this process of witnessing and gesturing and standing by.

Is grief, then, merely a spectacle that art can only gesture vainly toward? Clearly not. Grief happens, and when it happens in response to political events (and most natural disasters have a political component), it can't help being a form of political expression—perhaps, given the history of the political, which is to say the history of history, grief is the purest form of political expression. By allowing no one to be a "complete" griever, and exempting no

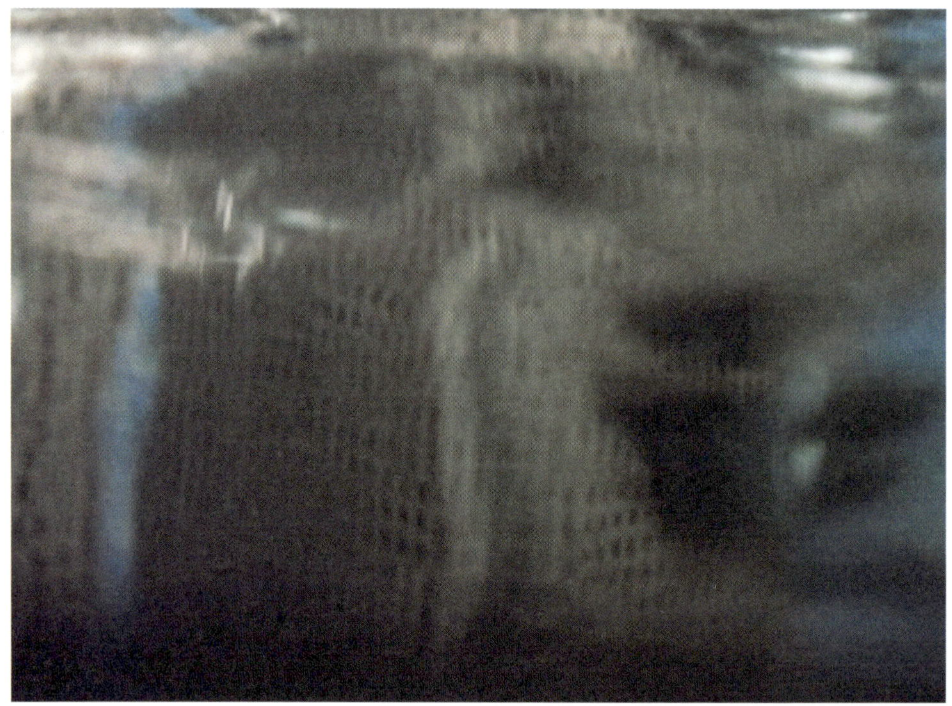

one from the responsibility of grieving, Pia opens a new space for political
art. If art can never unearth the ground zero of suffering, it can at least bear
witness to the impossibility of witnessing. And this, according to Agamben,
is precisely where art's promise lies. Art cannot in itself "wake the dead and
make whole what has been smashed," Benjamin's famous description of
the Angel of History expressed in Paul Klee's painting *Angelus Novus*. But,
as in Albrecht Dürer's etching, *Melencolia I*, which Agamben views as the
Angel of Art, it can powerfully demonstrate that "knowledge of the new is
possible only in [confronting] the nontruth of the old."

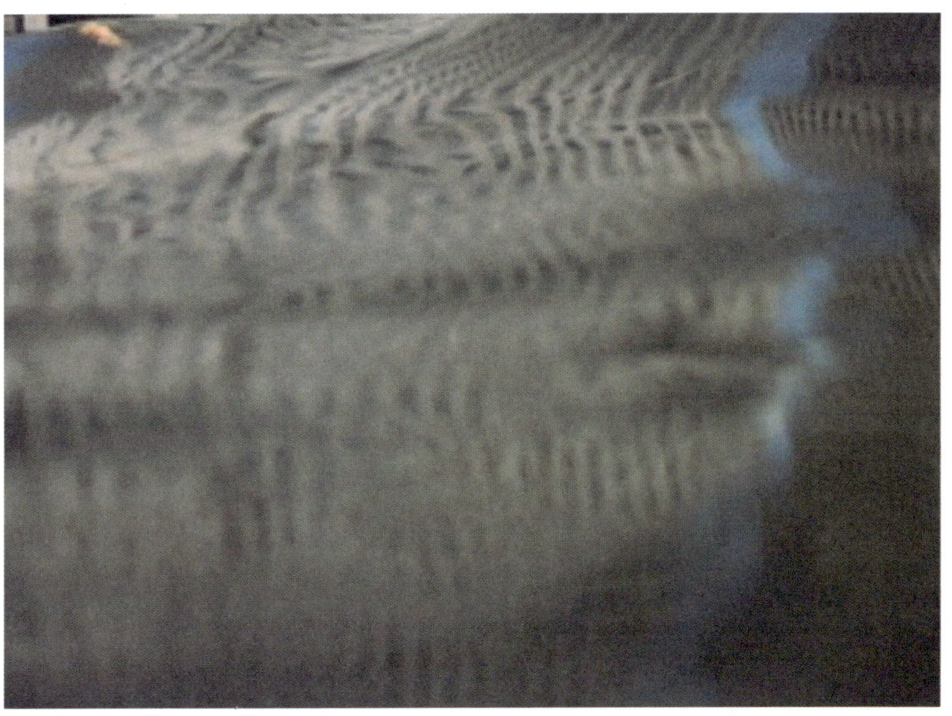

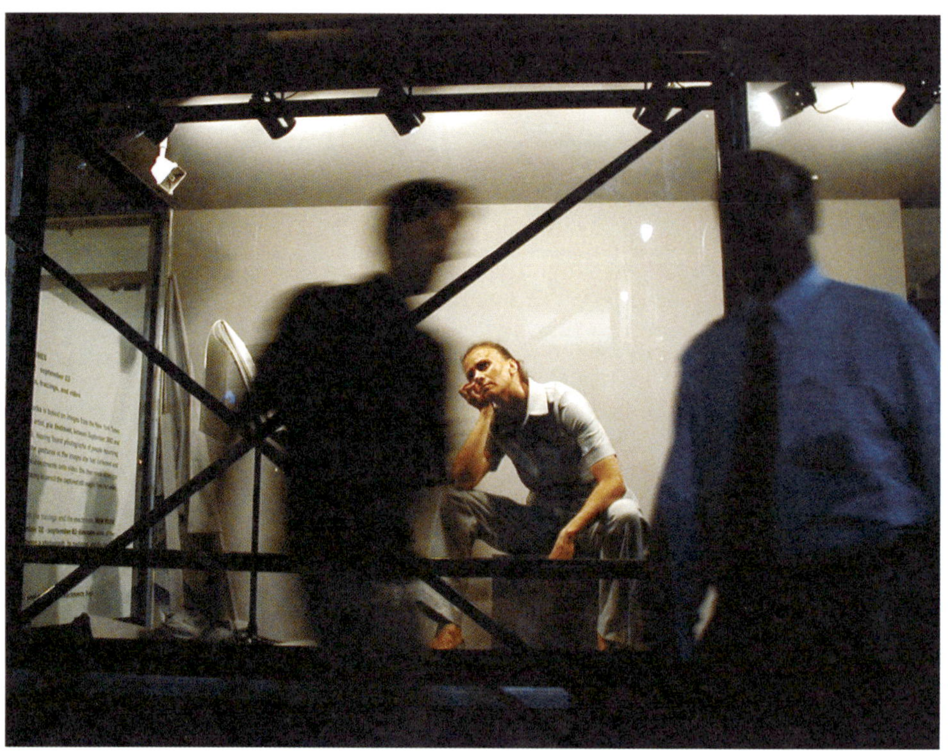

Pia Lindman - polityka żałoby
Nico Israel

Świadek zeznaje zwykle w imię sprawiedliwości i prawdy, w tym więc sensie oczekuje się od niego lub od niej wypowiedzi spójnej i wyczerpującej. Jednak [w przypadku nazistowskich obozów śmierci] wartość świadectwa tkwi zasadniczo w tym, co w nim zostało pominięte; sednem jego jest coś, czego nie można zaświadczyć, a co pozbawia ocalałych autorytatywności. „Prawdziwymi" lub „ostatecznymi" świadkami [jak ich nazywa Primo Levi] są ci, którzy nie dają i nie mogą dać świadectwa.

Giorgio Agamben
Quel che resta di Auschwitz. L'archivio e il testimone

Według Agambena w wyjątkowym przypadku obozów koncentracyjnych i obozów zagłady działających podczas drugiej wojny światowej dawanie świadectwa nie sprowadza się do zeznawania przed sądem. Rozprawa przed trybunałem w Norymberdze (1945–1949) i proces Eichmann (1961–1962), gdzie łącznie sądzono 23 osoby, zakończyły się straceniem 12 skazanych. Jednak procesy i egzekucje jako takie w żadnej mierze nie rozwiązują problemu sprawiedliwości. Przeciwnie – ekstremalność sytuacji, sama liczba pomordowanych i tych, którzy ponieśli śmierć „przypadkowo", uwidacznia przepaść między domenami prawa i etyki. Co więcej, dowodzi kryzysu samej istoty świadectwa: „prawdziwi" czy „ostateczni" świadkowie – ci, których zgładzono – nie przemówią we własnym imieniu i nie zażądają moralnego rozliczenia. Jak zatem można – pyta Agamben – zaświadczyć ich zagładzie w wymiarze etycznym?

Pia Lindman ilustruje swoją sztuką podobny kryzys świadectwa, będący zarazem kryzysem współczesnej etyki. Jej projekty, koncentrujące się zwykle na określonych miejscach, przypominają o historycznych traumach, czyniąc swoim tematem żal i smutek tych, którzy zdołali tam przetrwać. Pia stara się jednak nigdy nie ukazywać tego żalu wprost – groziłoby to dewaluacją czy eksploatowaniem tamtego cierpienia. W jej pracach smutek staje się czymś politycznym i upiornym – politycznym jako upiorne dziedzictwo.

Skupię się na dziełach czy projektach Pii dotyczących Nowego Jorku – miasta, w którym mieszkam, miasta, które wedle poety Johna Ashbery'ego jest „logarytmem wszystkich miast". Ściślej rzecz biorąc, zajmę się jej „nowojorskimi" pracami stworzonymi po 11 września 2001 roku: *World Financial Center Project* (2002), *Shea Stars Flash* (wideo, 2004), a zwłaszcza niezwykłym multimedialnym *New York Times Project* (kontynuowanym od 2003 roku). Każdy z tych projektów – ostatni chyba najdobitniej ze wszystkich – dowodzi, że w epoce globalizacji Nowy Jork nie może nie ulegać zewnętrznym wpływom, tak jak nie może emanować na zewnętrzny świat (nie umknęło to uwadze zamachowców, którzy zburzyli bliźniacze wieże, z tej właśnie przyczyny stanowiące tak obsesyjnie atrakcyjny, ikoniczny cel).

Każdy nowojorski projekt Pii zawiera odpowiedź na traumatyczne wydarzenia 11 września, wydarzenia, które po pięciu latach nadal rzucają na codzienne życie miasta tak długi cień, że -podobnie jak Holokaust - stawiają pod znakiem zapytania samą naturę „wydarzeń" i ich następstw. Jako trauma nigdy nie są doświadczane bezpośrednio – przynajmniej nie przez tych, którzy przeżyli – ale emocje, jakie wywołują, powracają raz po raz, ranią – chyba że przesłoni się je odwołaniem do narracji takich jak amerykańska flaga, wypowiedzenie wojny, powrót do konsumpcyjnej normalności. Prace Pii ukazują to, czego owe próby stłumienia czy odwrócenia uwagi nie są w stanie przesłonić.

Przypominając prace Agambena o moralnej potrzebie dawania świadectwa i przyznając sztuce kluczową w tym rolę, nie chcę w żadnej mierze zrównać ze sobą ani poszczególnych wydarzeń, ani ich następstw z następstwami Holokaustu. Jednak nie umiejąc porównać zagłady Żydów z niczym innym, dajemy się zwieść niebezpiecznemu urokowi wyjątkowości, usuwając *de facto* Holokaust poza ramy historii. W pracach Pii natomiast, pokazujących politykę żałoby, trauma lokuje się pewnie w samym jej centrum. Pia, podobnie jak filozof Walter Benjamin, któremu Agamben najwięcej intelektualnie zawdzięcza, uznaje odpowiedzialność artysty lub myśliciela za historię, polegającą na reprezentowaniu *Namenlos*, owych bezimiennych, którzy odeszli na pozór bez śladu. W tym sensie dawanie świadectwa oznacza przemawianie w imieniu *Namenlos* – i to w żadnej mierze nie wyłącznie tych, którzy zginęli „wewnątrz" wież.

W projekcie *World Financial Center* Pia kontynuuje podjęte przed 2001 rokiem badania przestrzeni publicznej, architektury i życia zbiorowego – przykładem imponująca instalacja z sauną umieszczoną na dziedzińcu nowojorskiego P.S.1 – ukazując zarazem nowy aspekt nieobecności, usunięcia z pola widzenia. Po części jest to niewątpliwie efekt bliskości World Financial Center, Światowego Centrum Finansów (które sponsorowało wiele projektów artystycznych, także Pii) do miejsca po bliźniaczych wieżach World Trade Center, których nieobecność Pia, tworząc swoje prace, musiała nieustannie dostrzegać, rozważać i znosić. W jej pracach wideo wyrazem tej nieobecności staje się spojrzenie kamery ku morzu.

W części projektu *World Financial Center* zwanej *Waterline/Linia wodna* (2002) Pia opuszcza kamerę do rzeki Hudson z nabrzeża North Cove Harbor koło World Financial Center na południowym krańcu Manhattanu; kamera wideo, kołysana na wodzie niczym boja, ukazuje ulotne ujęcia dolnego Manhattanu i pobliskich Staten Island i New Jersey (podmiejskich dzielnic, których liczba ludności spadła o ponad tysiąc mieszkańców), rejestrując jednocześnie własneruchy i okoliczne dźwięki. *Viewing Platform/Platforma widokowa* (2002), wideo uzupełniające obrazy z wody, pokazuje duże tarasy widokowe wzniesione tuż po tragedii na wprost miejsca po WTC przez architektów Dillera i Scofidio. Z tarasów tych korzystali głównie turyści, którzy kupiwszy bilety i odstawszy w kolejce, tłoczyli się, by obejrzeć dziury w ziemi nowo ochrzczone jako Ground Zero. Kamera chwyta obraz tarasów, na które wchodzą widzowie, by poprzyglądać się przez dozwolone maksimum pięć minut i wyjść. W godzinnym nagraniu Pii skondensowanym do jednej minuty sylwetki widzów stają się niewyraźne, jakby przezroczyste. Ich półprzejrzystość pozwala zobaczyć groby na siedemnastowiecznym cmentarzu koło Trinity

Black Square/Czarny kwadrat, original series/pierwsza seria, drawing 4/rysunek 4, 2002

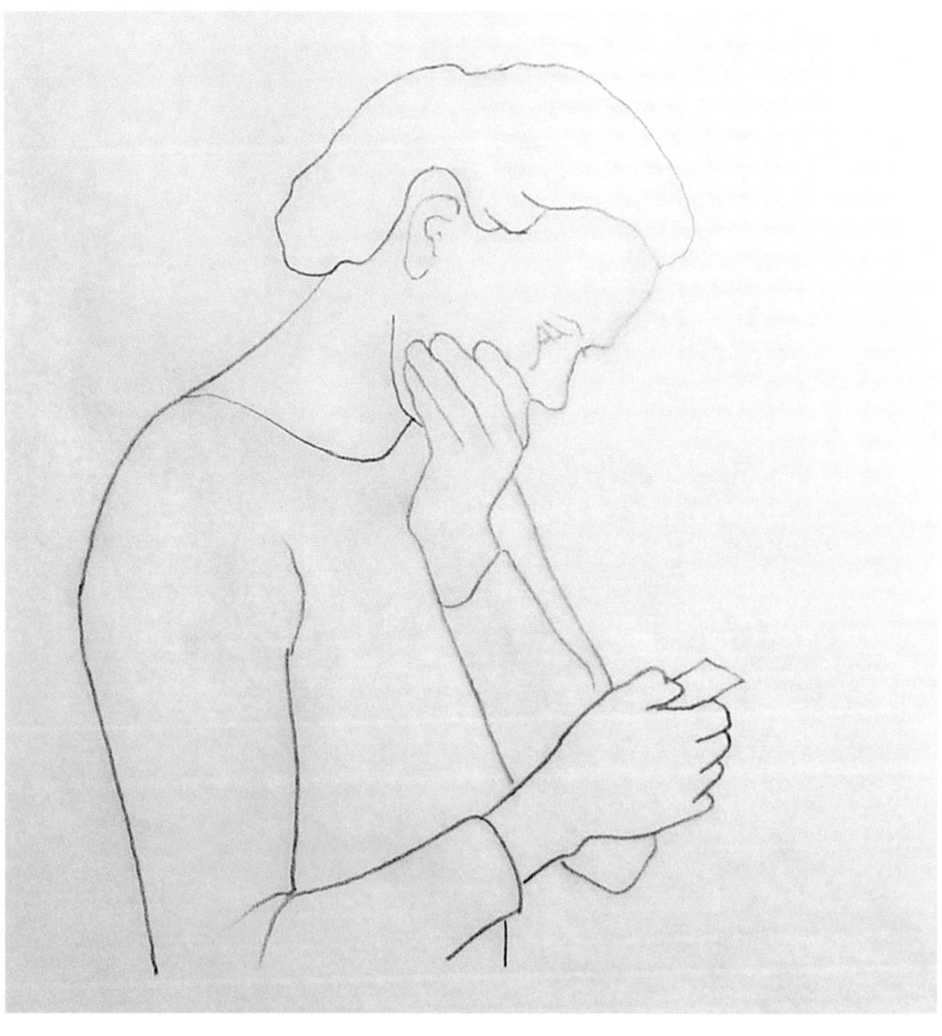

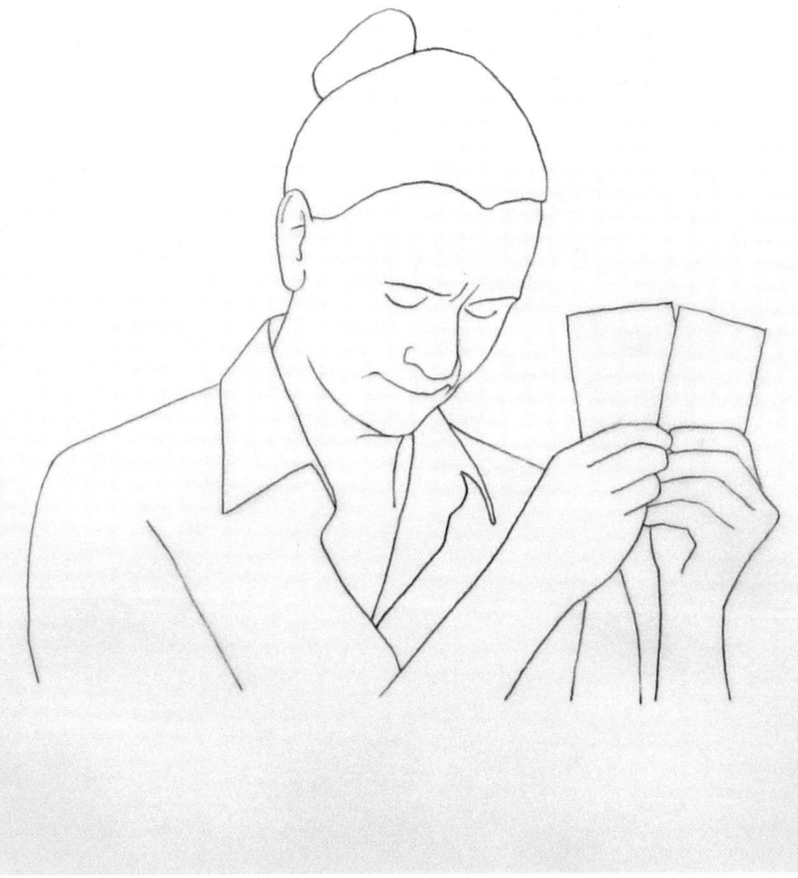

Church, gdzie wyczuwa się obecność innych duchów – to osobne, odkryte dopiero na początku lat dziewięćdziesiątych miejsce spoczynku setek Afro-amerykanów, którym w ramach segregacji odmówiono pogrzebu w Trinity.

Oglądając ujęcia z powierzchni wody w połączeniu z obrazem platform widokowych, widz czuje różnicę planów czasowych – z perspektywy płynącej wody pośpiech biegnącej od wydarzenia do wydarzenia ludzkiej historii zdać się może czymś obcym. Patrząc na fale, wsłuchując się w ich plusk i szum wiatru, zastanawiamy się, co też myśli morze o pierwszych mieszkańcach Nowego Jorku. O legendarnym „zakupie" Manhattanu za garść paciorków przez osadników z Europy? O przybyciu hord imigrantów i niewolników? O zapełnieniu w końcu niemal każdego cala wyspy betonem i stalą? O eksplozjach owego wrześniowego poranka i czarnej chmurze rozdymającej się na tle idealnego błękitu nieba?

Shea Stars Flash rozszerza te pytania o sens wydarzeń i świadectwa na przestrzeń miejską oddaloną o parę mil od Ground Zero. Stadion Shea, nazwany tak na cześć Willama Shea, adwokata i animatora życia publiczne-go, który zainicjował jego budowę, jest domem dla New York Mets (pierwotnie Metropolitans – osobliwa nazwa w tym najbardziej kosmopolitycznym z miast), drużyny baseballowej stworzonej w 1962 roku, częściowo po to, żeby wypeł-nić lukę po ukochanych Giants i Dodgers, którzy przenieśli się w 1957 roku do Kalifornii. Stadion wzniesiono w rozbudowującej się dzielnicy Queens pod-czas Wystawy Światowej w 1964 roku, wydarzenia, na którego idee epoki podboju kosmosu i architekturę silny wpływ wywarła polityka zimnej wojny, co przyzna każdy, kto widział dwunastopiętrową stalową Unisferę, jedną z nielicz-nych pozostałości po Wystawie. Queens uważa się często za gorsze miejsce – większość turystów (i wielu mieszkańców Manhattanu) nie uznaje go nawet za część miasta. Jednak w ostatnim dwudziestoleciu tu znalazły dom setki tysięcy imigrantów z całego świata, w większości robotników.

Projekt Pii sponsorowało Queens Museum of Art, ale początkowo Mets, jak wszystkie drużyny baseballowe zazdrośnie strzegący swego wizerunku i logo, nie przystali na propozycję filmowania podczas meczu. Ostatecznie

nałożono ścisłe ograniczenia na użytek ze zdjęć – m.in. nie można było
pokazywać twarzy ani imion zawodników – co jednak pasowało znakomicie do projektu Pii. Mniej interesowała ją sama gra, bardziej jej świadkowie
i osobliwa architektura okrywającej ich tymczasowo misy stadionu. W ten
sposób powstało wideo natychmiast przywodzące na myśl znakomity
wiersz Williama Carlosa Williamsa z 1923 roku *Na meczu baseballowym*,
którego urywkiem musimy się zadowolić:

Na meczu baseballowym
tłumem rządzi równo
duch bezużyteczności
który go zachwyca –

każdy podniecający szczegół
pogoni

i ucieczki, błąd
przebłysk geniuszu –

wszystko bez celu prócz piękna
tego co wieczne –

Więc w zbliżeniach oni, w tłumie,
są piękni

przed czym
godzi się ostrzec

Jak Williams, którego poezja zdradza zawsze silne związki ze sztukami wizualnymi, Pia widzi głupotę tłumu i zalążki jego agresji (*To Inkwizycja/Rewolucja*
- pisze Williams), ale także jego piękno kryjące się w „bezużyteczności"
całego tego przedsięwzięcia, którego jest świadkiem. W odróżnieniu od
Williamsa Pia nie ukazuje ani skrawka ludzkiej twarzy, zamiast tego poddając tłum procesowi dalszego wyabstrahowania. Jej odgrywane na okrągło

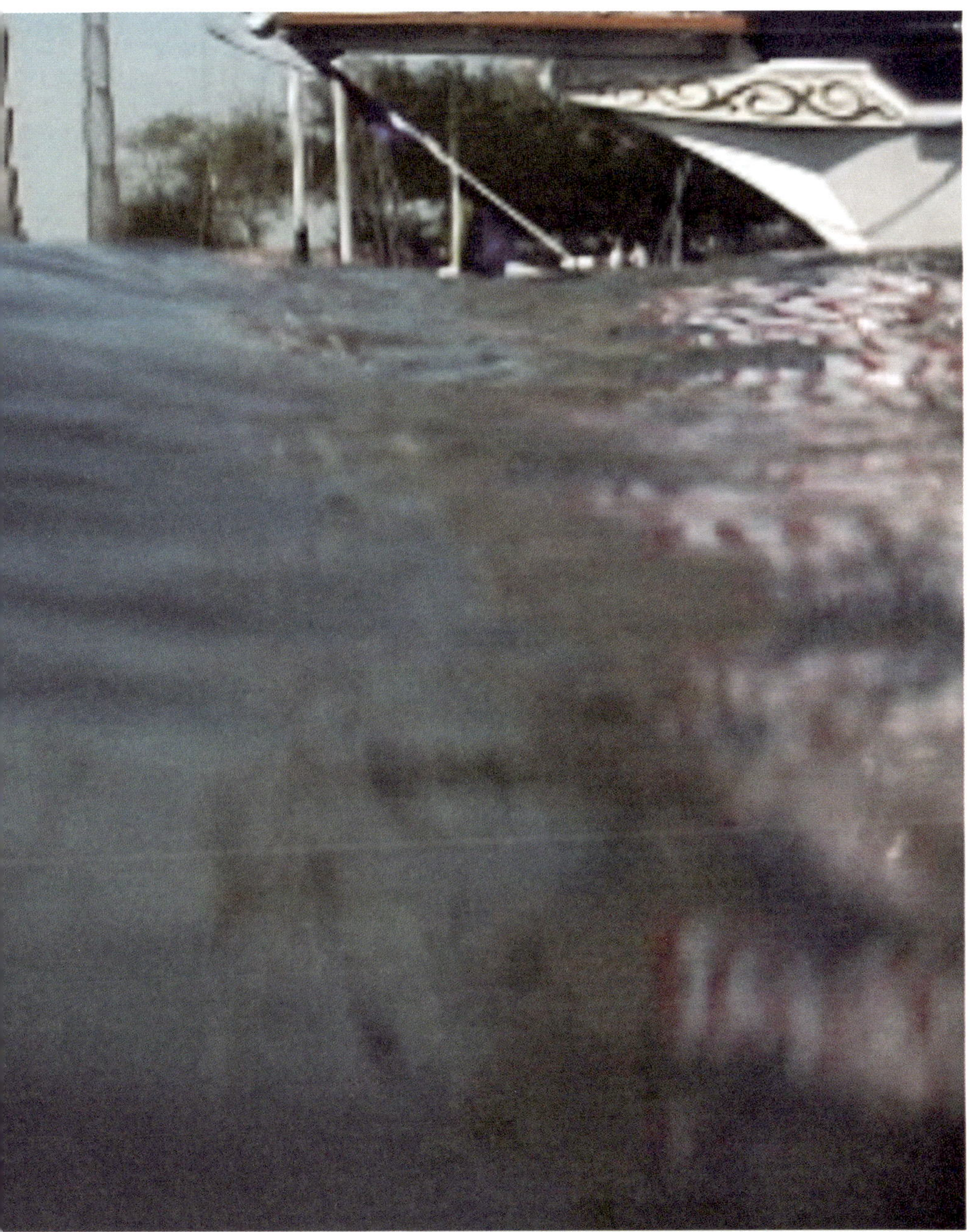

wideo rejestruje poklatkowo obrazy, na których widać jedynie jasne błyski fleszów aparatów na trybunach – błyski będące odpowiedzią na „przebłyski geniuszu" na boisku, których oglądający wideo nie może zarejestrować.

Bezpośrednim efektem jest odsunięcie odbiorcy wideo Pii od dawno przebrzmiałego spektaklu, co może przypominać mu „nieważne" polityczne zdarzenia, jakie miały miejsce na stadionach sportowych całego świata, od nazistowskich Niemiec lat trzydziestych, po Chile i Argentynę lat siedemdziesiątych, a także – w kontekście odległych wówczas już o dwa lata „wydarzeń" 11 września – upamiętnienie zmarłych (dzięki efemerycznym rozbłyskom przypominającym płomyki świec) w zbiorowej przestrzeni, w której fani zgromadzili się po części po to, żeby zapomnieć o polityce. A jednak... każdy mecz w USA zaczyna się od odśpiewania hymnu państwowego *The Star Spangled Banner*. Po 11 września niektóre drużyny dodały w przerwie inną pieśń *Seventh Inning Stretch*, „Rozprostujmy się w siódmej rundzie", którą publiczność ma śpiewać na stojąco, a wesołą pijacką piosenkę *Take Me Out to the Ballgame*, „Zabierz mnie na mecz", sławiącą „zachwycającą bezużyteczność", zastąpiono patriotyczną rymowanką Irvinga Berlina *God Bless America*, „Boże błogosław Amerykę". Amerykańska flaga powiewa w chwilach zagrożenia.

New York Times Project pozwolił Pii wrócić do wcześniejszych zainteresowań performerstwem i rysunkiem. Rok po 11 września zaczęła zbierać zdjęcia zamieszczane w „New York Timesie", gazecie określającej się jako „dokumentalna", ukazujące żałobne grupy. Co łatwo przewidzieć – zważywszy, że każdego dnia mamy na świecie aż nadto żaloby w odpowiedzi na bombardowania, inwazje i strzelaniny na pogrzebach, ale także powodzie, trzęsienia ziemi i „klęski żywiołowe" godne „New York Timesa" – po roku zgromadziła setki fotografii mężczyzn, kobiet i dzieci: wściekłych, przybitych, szalonych, niebędących sobą. Korzystając z tego zbioru wizerunków oddzielonych od towarzyszących im artykułów i nagłówków, Pia sporządziła około 400 rysunków nie tyle je przerysowując, ile kalkując. Ponieważ przy kalkowaniu łatwo zanikają szczegóły, jej rysunki posłużyły dalszemu abstrahowaniu od „pierwotnego" reporterskiego ujęcia żałoby. Następnie w serii publicznych performance'ów Pia odgrywała wersje własnych rysunków, zawsze starannie od nowa przed-

stawiając – w odróżnieniu od mechanicznego powtarzania – obrazy żałoby.
Widz, o trzy (conajmniej) kroki oddalony od pierwotnego gestu, doświadcza
brechtowskiego *Verfremdungs–effekt*, tragicznego teatru wydarzeń medial-
nych, tym bardziej zachęcony do rozważenia, czy i pierwotny wyraz bólu nie
wykracza aby poza ramy języka.

Teatralny *performance* na żywo jest zawsze niepowtarzalny, jednak Pia
zmienia często kontekst swych przedstawień, akcentując w ten sposób ich
status „wydarzenia" współtworzonego przez aktora i widownię. Jesiennego
wieczoru, zaledwie dwa lata po 11 września, widziałem Pię wykonującą *New
York Times Perfomance* w the lab na rogu 47 Ulicy i Alei Lexington, blisko
niegdyś zapuszczonego, a dziś przypominającego Disneyland Times Square.
Patrzyłem, jak stoi w oknie zwrócona ku ulicy i obserwuje przechodniów,
którzy z kolei obserwowali ją, kiedy w szarym, ostentacyjnie pozbawiającym
płci roboczym kombinezonie przybiera na parę sekund potworną pozę, prze-
rywa, przewraca stronę swojej książki ze skopiowanymi rysunkami, nastraja
się w skupieniu, po czym wypracowuje nową żałobną pozę, zerkając w lu-
stro, by się upewnić, że jest „w porządku". Mało kto oprócz jej przyjaciół,
pracowników galerii i paru miłośników sztuki był w stanie obejrzeć więcej niż
kilka póz. Liczni widzowie – w tej części miasta trafia się sporo turystów, ale
też ludzi idących do i wracających z pracy – sądzili, że, jak to często bywa
w kontakcie z trudną sztuką współczesną, padli ofiarą jakiegoś niezrozumia-
łego żartu i oddalali się zakłopotani. Jednak ignorując spektakl cierpienia,
stawali się mimowolnymi uczestnikami przedstawienia Pii.

Kiedy oglądałem *performance* przypomniał mi się wiersz W. H. Audena *Musée
des beaux arts*, o tym, że cierpienie zdarza się *zawsze w tej samej chwili,
/ Gdy ktoś inny je, wietrzy izbę albo gdzieś się ospale wlecze*. Poczułem,
że w ten właśnie sposób znakomita większość ludzi na świecie reaguje na
cudze cierpienie: szybko je skonsumować, coś czując przez chwilę (może
jakieś zmieszanie), by przejść do kolejnego odrażającego widowiska. *New
York Times Performance* Pii jest wystarczająco niezwykły, by zilustrować
ten proces. Ale teraz wydaje mi się, że nie jest to obserwacja dostatecznie
głęboko wnikająca w siatki znaczeń wszechobecnego cierpienia. Jak za-

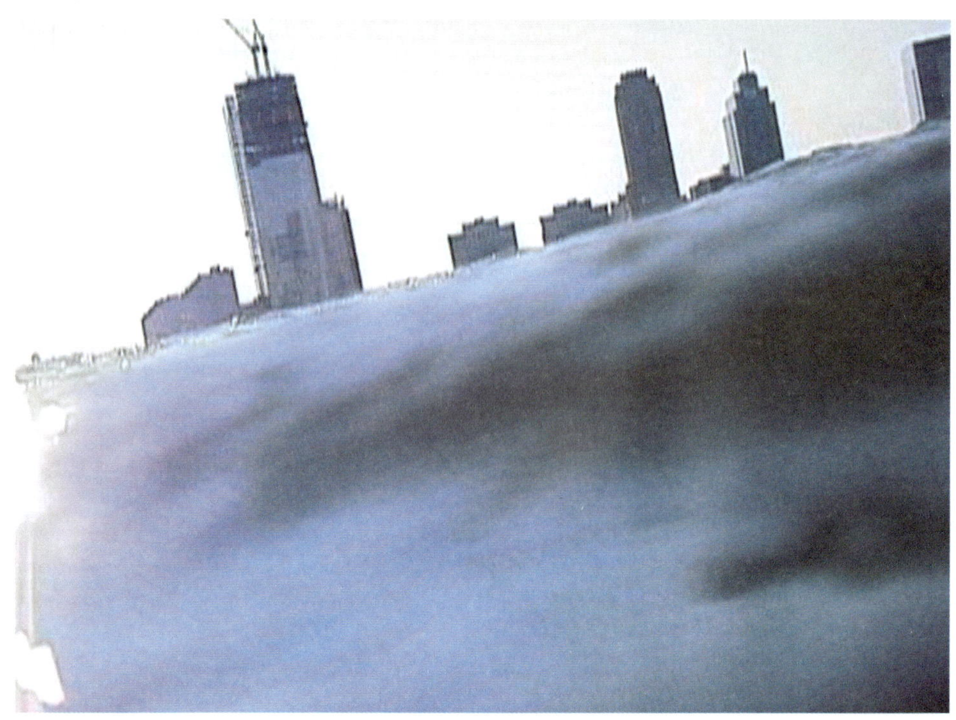

uważa Susan Sontag w swym ostatnim eseju *Regarding the Pain of Others*,
„W kwestii bólu innych", *żadnego „my" nie należy traktować jako czegoś
oczywistego, kiedy tematem staje się obserwacja bólu innych* i to samo
dotyczy obserwowania kogoś, kto obserwuje ból kogoś innego. Ani Pia, ani
ja, ani wy nie jesteśmy w żadnej mierze wyłączeni z procesu świadczenia,
czynienia gestów i usuwania się na bok.

Czy jest więc smutek i żałoba spektaklem, który sztuka może tylko na próż-
no wskazywać? Na pewno nie. Żal przydarza się, a kiedy jest odpowiedzią
na wydarzenia polityczne (a większość klęsk żywiołowych ma polityczny
komponent), z konieczności przybiera polityczną formę wyrazu – może,
zważywszy historię tego, co polityczne, czyli historię historii, żal staje się

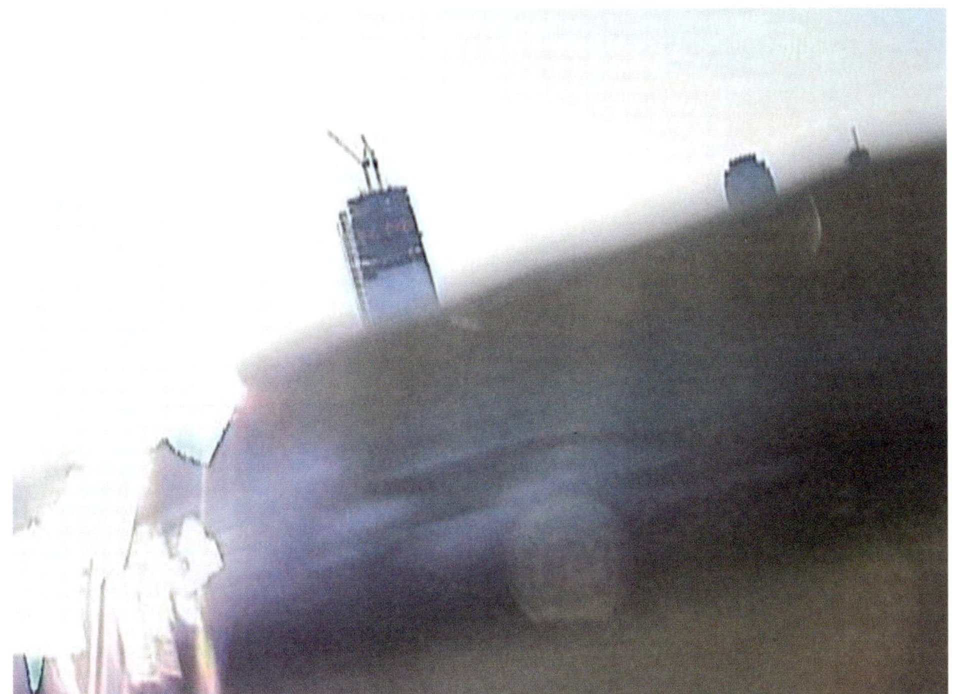

najczystszą formą polityczności. Nie pozwalając nikomu być „ostatecznym"
żałobnikiem i nikogo nie zwalniając z obowiązku żałowania, Pia tworzy nowy
obszar sztuki politycznej. Jeżeli sztuka nie może nigdy wydobyć na jaw *ground
zero*, punktu zerowego cierpienia, może przynajmniej zaświadczyć o niemoż-
liwości świadczenia. I tym właśnie jest według Agambena obietnica sztuki.
Sztuka jako taka nie może *obudzić martwych, ani scalić tego, co zostało strza-
skane*, wedle sławnego opisu Benjamina Anioła Historii ukazanego na obrazie
Paula Klee *Angelus Novus*. Jednak jak na akwaforcie Albrechta Dürera *Melencolia I*, w której Agamben widzi Anioła Sztuki, może ona dobitnie wykazać,
że znajomość nowego możliwa jest tylko w [konfrontacji] *z nieprawdą starego*.

Przełożył Sergiusz Kowalski

Berlin

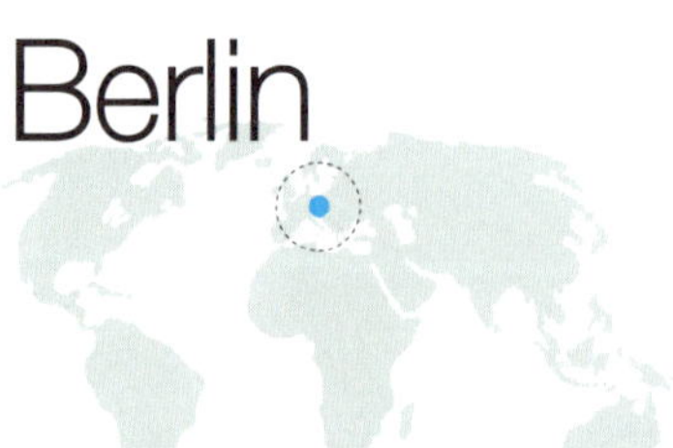

Erinnerung als Wirklichkeitsbearbeitung

Christoph Tannert

Es ist nicht einfach, sich mit der Fließgeschwindigkeit der Videos von Pia Lindman anzufreunden … - dieses Schunkeln und Pendeln von Wirklichkeitsauschnitten und permanent aus der Achse kippenden Bildern. Als ich mir diese Videos das erste Mal anschaute, fühlte ich mich danach wie ein Leichtmatrose bei Seegang. Wolken und Wogen, Auf- und Abstrudeln, immer kurz davor, in den Reflexionssträngen hängen zu bleiben.

Der Wellen schlagende Mix diverser Strukturelemente trägt Titel wie „Waterline" (2002) oder „Spree" (2006) und entstand mit Blick auf die Städte New York und Berlin. Man benötigt Zeit, um der Neuanordnung der Erfahrungspartikel der Künstlerin zu folgen, um zu sehen und zu verstehen.

Es sind subjektive Aneignungen von städtischer Wirklichkeit, sinnliche Erfahrungen des Stadtraums, die die Künstlerin mit Reflexionen über

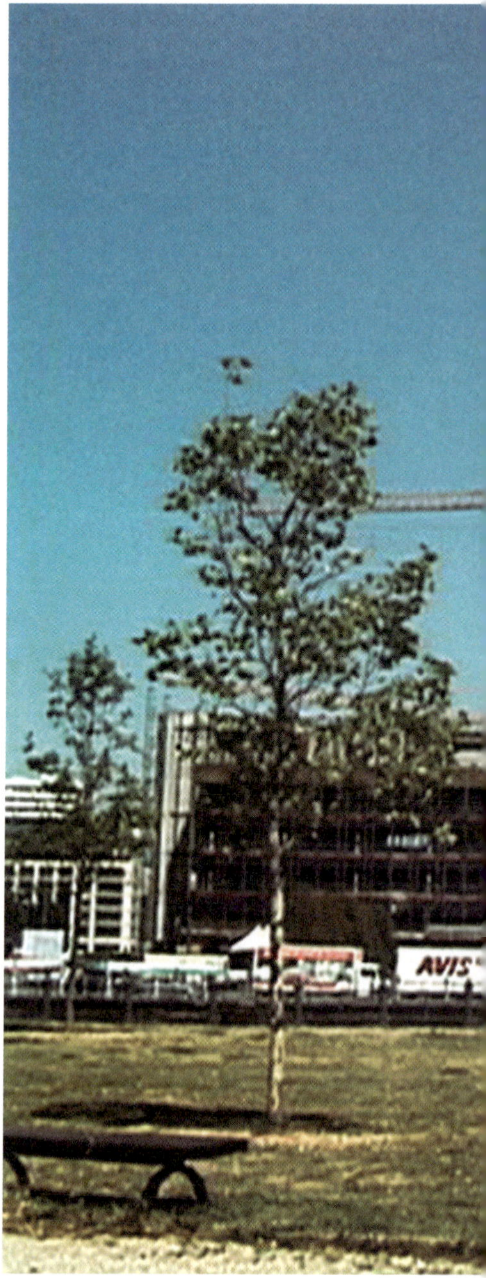

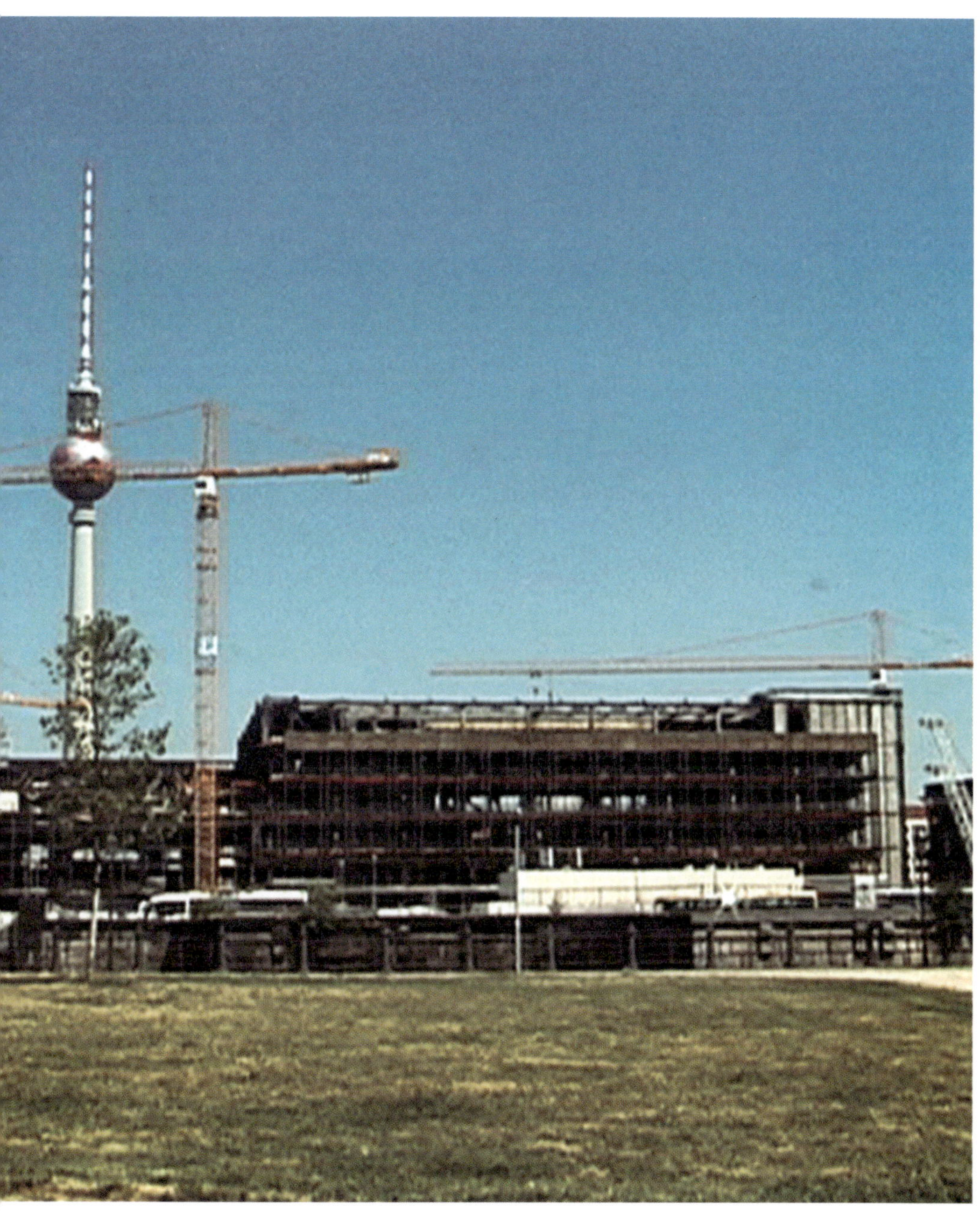

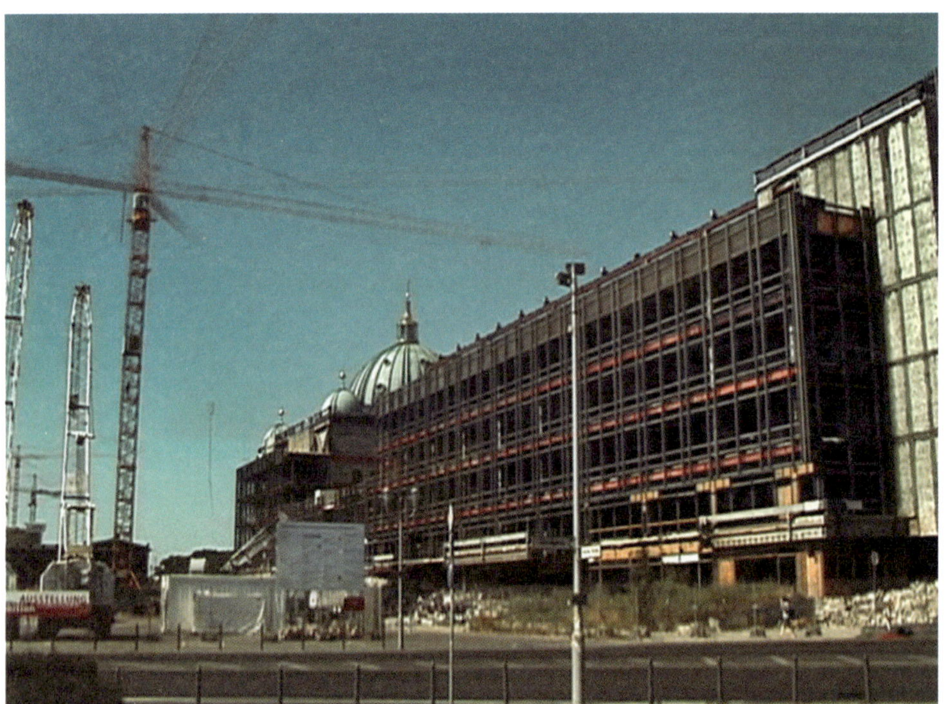

die Geschichte der Orte verbindet. Dabei geht es ihr weniger um den Blick
auf die Territorien der Mobilität und die Zeugnisse des Fremden, mit denen
sich heute die Diskurse in erster Linie beschäftigen, nicht um eine Urbanität, die sich lediglich an der Skyline mißt, sondern um die Vielfalt und
Widersprüchlichkeit von Erfahrungen und visuellen Eindrücken im öffentli-
chen Raum. „Waterline" und „Spree" sind verschwiegene Videos, die
die „Buntheit" einer Stadt als ein Labyrinth des Wissens und Verbergens
inszeniert.

Anstatt die generationsspezifischen, kulturellen, ethnisch differenzierten
„Szenen", ihre Weltoffenheit und Toleranz, die Raum für die Entfaltung unter-
schiedlicher Lebensformen eröffnen, dokumentarisch abzufilmen, wie es die

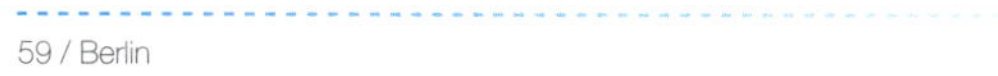

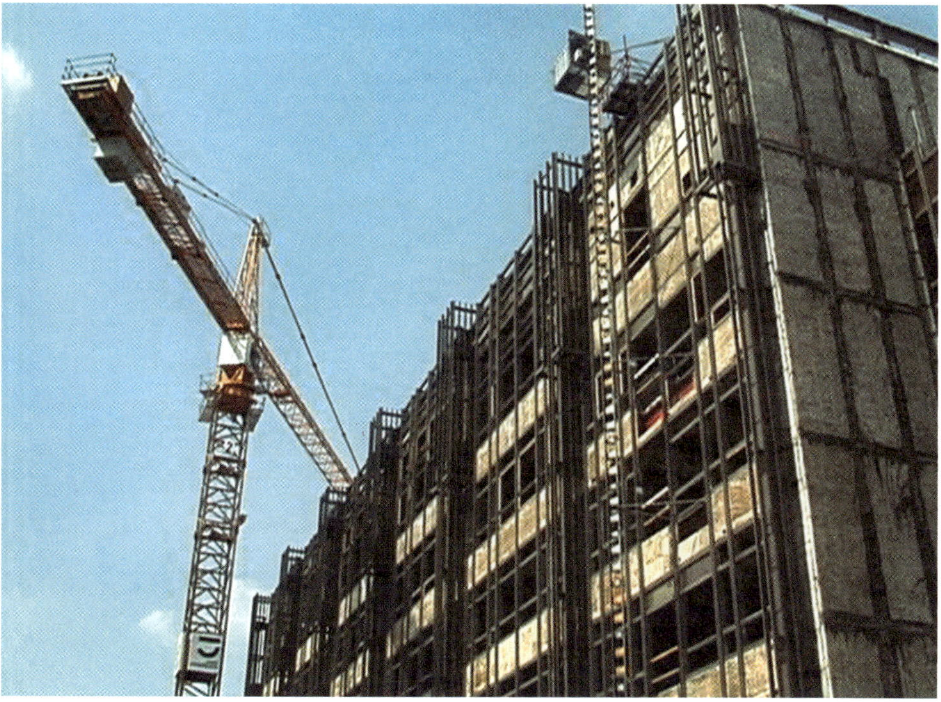

TV-Stationen tun, zeigt uns Pia Lindman wie Spuren verschwinden und sich
gleichzeitig Fährten auftun.

Metropolitane Urbanität ist bei Pia Lindman zuallererst eine Tauchfahrt in den
Tiefen der Erinnerung. Sie stellt Fragen nach der Erinnerung im Zeitalter
digitaler Datenspeicher und beschleunigter Medienkommunikationprozesse.
In der Tat fungiert die Kunst heute als eine Art von Entschleunigungsma-
schine, auch und gerade wenn sie sich mit den im Kommunikationsprozess
zirkulierenden Medienbildern auseinandersetzt. Im Zeitalter der beschleu-
nigten Produktion und Konsumtion von Bildern, wo der Alltag die „pattern
recognition" von immer schneller werdenden Schnittfolgen in Fernsehen
und Kino einfordert, setzt die bildende Kunst, und dafür liefert Pia Lindman

anschauliche Beispiele, einmal mehr auf Kontemplation und Unterbrechung des hektischen Zeittakts.

Wenn die Künstlerin sich, wie in „Viewing Platform" (2002), den Ruinen des World Trade Center nähert, acht Monate nach den Terrorangriffen von 9/11, oder wenn sie, wie in „Spree", das Berlin nach dem Fall der Mauer mit all den städtischen Umwertungen und Verwerfungen zum Gegenstand ihrer Reflexion macht, sich also mit Mentalitätsgeschichte und Gedächtnisorten beschäftigt, dann wird deutlich, wie eng (und gleichzeitig wie fern) sich Bildende Kunst und Geschichtswissenschaft stehen, beide in ihren Aussagen intensiviert durch den subjektiven Faktor.

Pia Lindmans Videos, etwa auch das mit Geschichte gesättigte „Banks of Praga" und „Pope's Cross" (2006), führen deutlich die Überschneidung zweier grundlegender Bereiche der Erinnerung vor Augen: die individuelle Erinnerung, gebunden an das Seelische und die Lebensgeschichte jedes einzelnen Menschen, und die kollektive Erinnerung, repräsentiert und aufgehoben in den Orten und in der Geschichte der Kultur.

Wie die Künstlerin, fokussiert auf das Ereignis des Papst-Besuchs in Polen vom 28.05.06, das Verhältnis von Individuum, Masse und Macht, polnischer Geschichte und Weltgeschichte per Video gestaltet, zeugt von konzeptioneller Klarheit und der Beschäftigung mit der Frage nach dem Zusammenwirken von Bewußtsein und Unbewusstem, die ja nicht nur als ein vielfach verschlungener dunkler Bereich in der Diskussion ist, sondern als ebensolcher in der Erinnerung selbst. Dem geäußerten Wunsch, daß man eine Gegenwart ohne das bisweilen unerträgliche Gewicht der Erinnerung leben könne, steht die schlichte Tatsache entgegen, daß man ohne Erinnerung nicht einmal bis zur nächsten Ampel käme oder sich die Schuhe zubinden könnte.

Wir versuchen, uns zu erinnern; wir glauben, uns zu erinnern - aber die Erinnerung bleibt relativ unbestimmt, unfassbar, vage und chimärenhaft. Das ändert sich, wenn wir die einzelnen Momente des Erinnerten in einen sprachlichen, zum Beispiel erzählerischen Zusammenhang bringen. Dann werden die Erinnerungen zwar viel klarer, aber sie geben ihre Bedeutung an den Zusammenhang ab, in den wir sie bringen. Deshalb fällt es schwer, eine erzählte Erinnerung von einer „erfundenen", frei konstruierten Erzählung zu unterscheiden.

Pia Lindman produziert Bilder, die uns mit Spiegelungen und Verzerrungen, mit lichtmalerischen Impressionen und poetischen Abstraktionen ins Offene, ins nicht fest Umrissene eintreten lassen. Es ist klar, dass mit jedem neuerlichen Versuch, sprachlich, in Worten oder Bildern, unsere stets partiellen Erinnerungen in einen Zusammenhang zu bringen - und sei es auch nur in den Zusammenhang einer zeitlichen Abfolge - nur weitere Abweichungen der verschiedenen Darstellungen produziert werden.

Pia Lindman aber vermag gerade diese Eigentümlichkeit des Erinnerns produktiv zu machen. Dabei spielt ihr Umgang mit Zeit und die Art, wie sie ihre Videos schneidet, eine entscheidende Rolle. Sie arbeitet am Fiktivwerden der Erinnerung und erweitert sie zu Vorstellungen, indem sie sie aus der Wiederholung des Vergangenen in die Erwartung von etwas so noch nicht Erlebtem überführt, auch in der Vergangenheit noch nicht Erlebtem. Sie eröffnet damit ihrer/unserer „dunklen", so nicht erinnerbaren Vergangenheit eine neue Beziehung zur Gegenwart.

Pia Lindman filmująca *Szprewę*/Pia Lindman shooting *Spree*, 2006

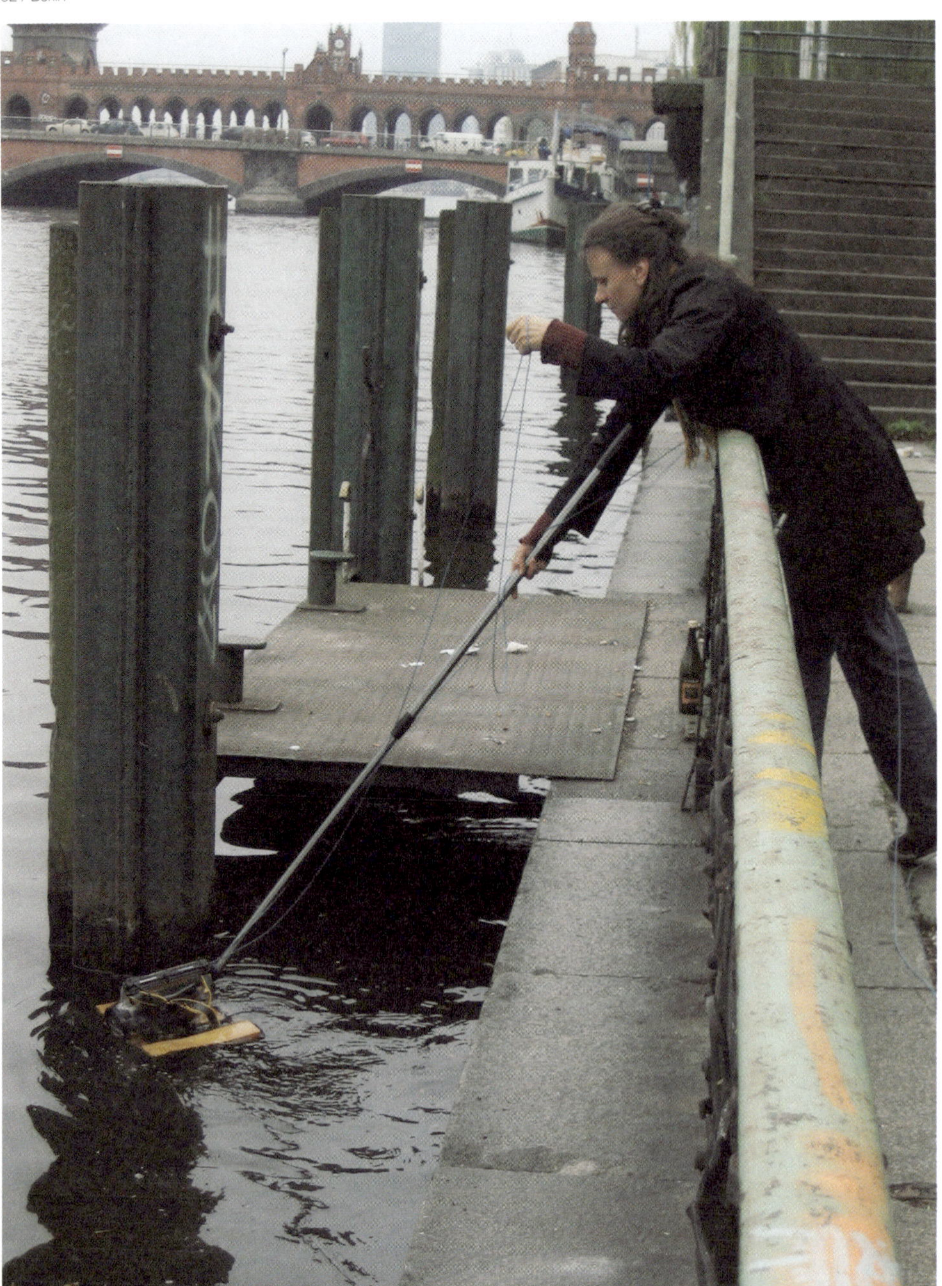

Pamięć jako obróbka rzeczywistości

Christoph Tannert

W projektach wideo Lindman zrazu trudność sprawia widzowi tempo przepływu obrazów: najpierw jest to kołysanie i huśtanie się fragmentów rzeczywistości, potem zaś napieranie wyskakujących z ram obrazów o nieustannie zakłóconych proporcjach. Kiedy po raz pierwszy oglądałem jej prace, czułem się jak początkujący marynarz na pełnym morzu. Widzimy przesuwające się chmury i wzburzone fale - woda przybiera, by zaraz odpłynąć, a widz znajduje się o krok od pułapki zamknięcia we własnych skojarzeniach.

Tej przemieszczającej się, wciąż ruchomej strukturze obrazu Pia Lindman nadaje tytuły: *Waterline/Linia wodna* (2002) czy *Spree/Szprewa* (2006). Projekty te powstały kolejno jako spojrzenia na Nowy Jork i Berlin. Trzeba czasu, żeby nadążyć za ustanowionym przez artystkę porządkiem, czasu, żeby w pełni odkryć i zrozumieć sposób, w jaki z poszczególnych cząsteczek buduje ona swoją wizję przeszłości. Mamy tutaj bowiem do czynienia z subiektywnym przyswojeniem miejskiej rzeczywistości, ze zmysłowym doświadczaniem przestrzeni miast, któremu towarzyszy refleksja o historii portretowanych miejsc. W pracach artystki chodzi nie tyle o spojrzenie na mobilność na określonym terytorium, o świadectwa obcości czy o przestrzeń miejską wyznaczaną przez kontury wieżowców, ile raczej o różnorodność czy o wewnętrzną sprzeczność doświadczeń i wizualnych doznań w przestrzeni publicznej. *Linia wodna* i *Szprewa* to dwie prace, które posługują się tropem przemilczania i przedstawiają wielobarwność miast jako inscenizację w labiryncie wiedzy i zakrycia.

Pia Lindman nie jest filmującą dokumentalistką - w swoich dziełach nie przedstawia nam pokoleniowych, nacechowanych kulturowo czy zróżnico-

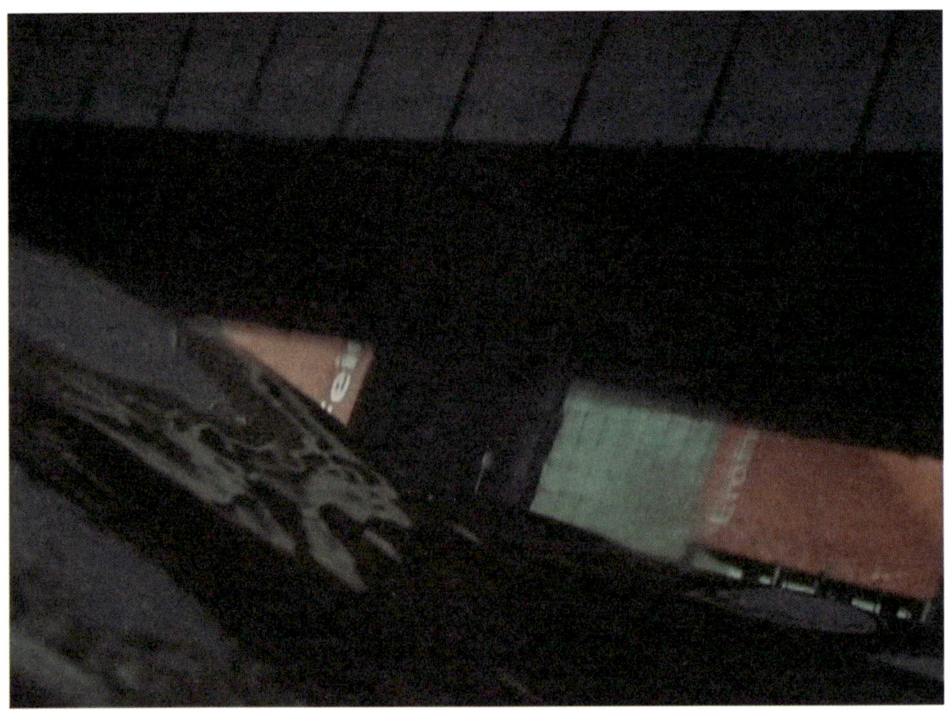

wanych etnicznie scen, nie otwiera przed nami przestrzeni tolerancji, nie chodzi jej także o otwarcie na świat i prezentowanie nowych form życia. Pia Lindman pokazuje nam tylko, jak znikają jedne ślady i jak na ich miejsce powstają nowe.

Metropolitalną przestrzeń miejską artystka traktuje przede wszystkim jako skok w głębiny pamięci. Warto jednak mieć na uwadze, że stawia ona pytanie o pamięć w epoce urządzeń zapisujących dane w cyfrowych pokładach swoich pamięci, w epoce przyspieszonych procesów komunikacji medialnej. A przecież sztuka dzisiejsza (prace Lindman są tego niezwykle przekonującym przykładem) właśnie wtedy, gdy zajmuje się obrazami wytworzonymi przez media, spełnia funkcje swoistej maszyny spowalnia-

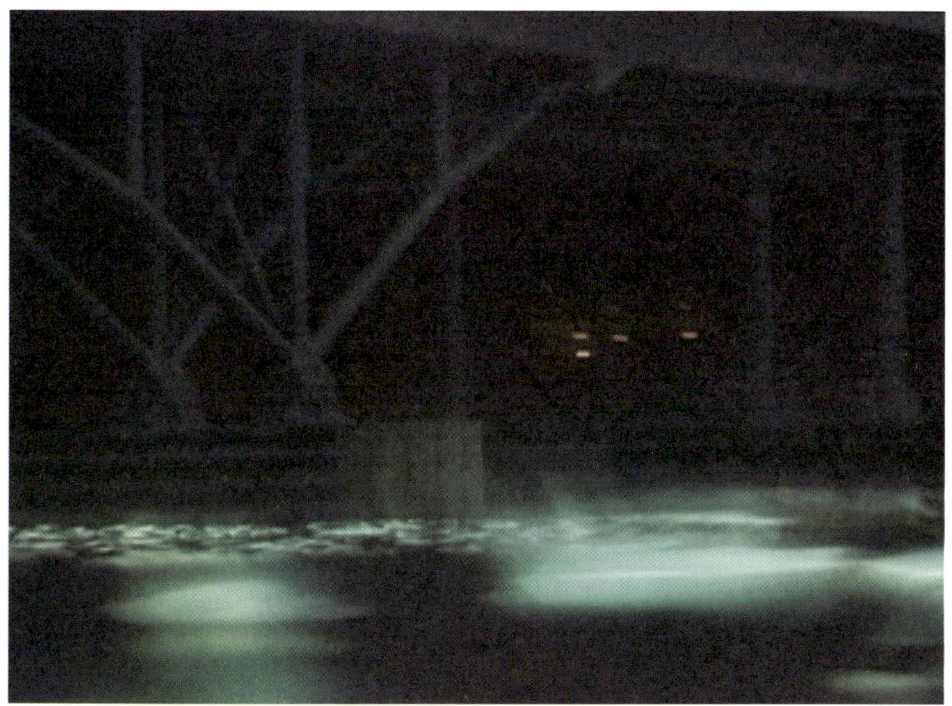

jącej, jest wehikułem, który zachęca do przerwania biegu gorączkowych
sekwencji i oddania się kontemplacji.

W projekcie *Platforma widokowa/Viewing Platform* (2002) artystka
w osiem miesięcy po wydarzeniach 11 września, zbliża się do zgliszcz po-
zostałych po World Trade Centre. Z kolei w pracy *Szprewa* przedmiotem
artystycznej eksploracji czyni Berlin po upadku muru. Poprzez unaocz-
nienie wszystkich niedorzeczności, jakie towarzyszyły temu wydarzeniu,
przedstawia kawałek historii mentalnej tego miasta i pokazuje miejsca,
w których kumuluje się pamięć. Wydaje się, iż prace te powstały, aby
uzmysłowić nam, jak bliskie są sobie (i jednocześnie jak od siebie odle-
głe) dziedziny takie jak sztuki plastyczne i nauki historyczne – wszak obie

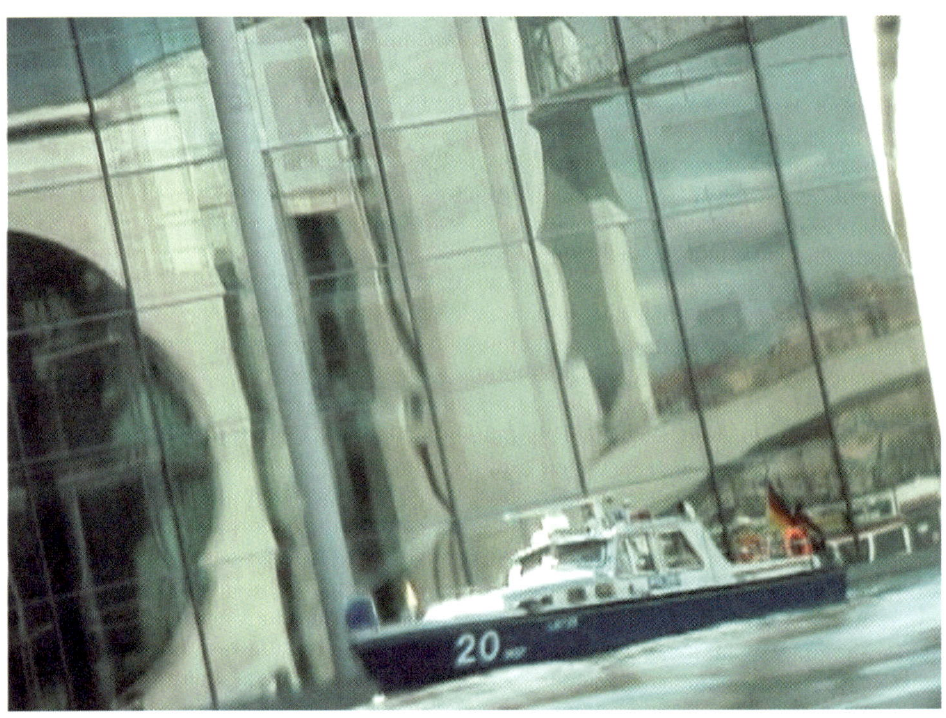

dopiero w akcie subiektywnego doznania dostępują przywileju prawdziwej intensywności.

Prace wideo Pii Lindman, jak na przykład nasycone materią historyczną *Praski brzeg* i *Papieski krzyż* (2006), ukazują nam nakładanie się dwóch podstawowych obszarów przypominania: pamięci indywidualnej powiązanej z tym, co duchowe (i odnoszące się do biografii pojedynczego człowieka), i pamięci zbiorowej jednocześnie reprezentowanej i unieważnianej w konkretnych miejscach czy w historii kultury. Artystka koncentruje się tutaj na wydarzeniu, jakim była wizyta papieża Jana Pawła II w Warszawie 28 maja 2006. Lindman portretuje relacje między jednostką, masą i władzą, a także relację między historią Polski a historią powszechną. Praca ta jest świadec-

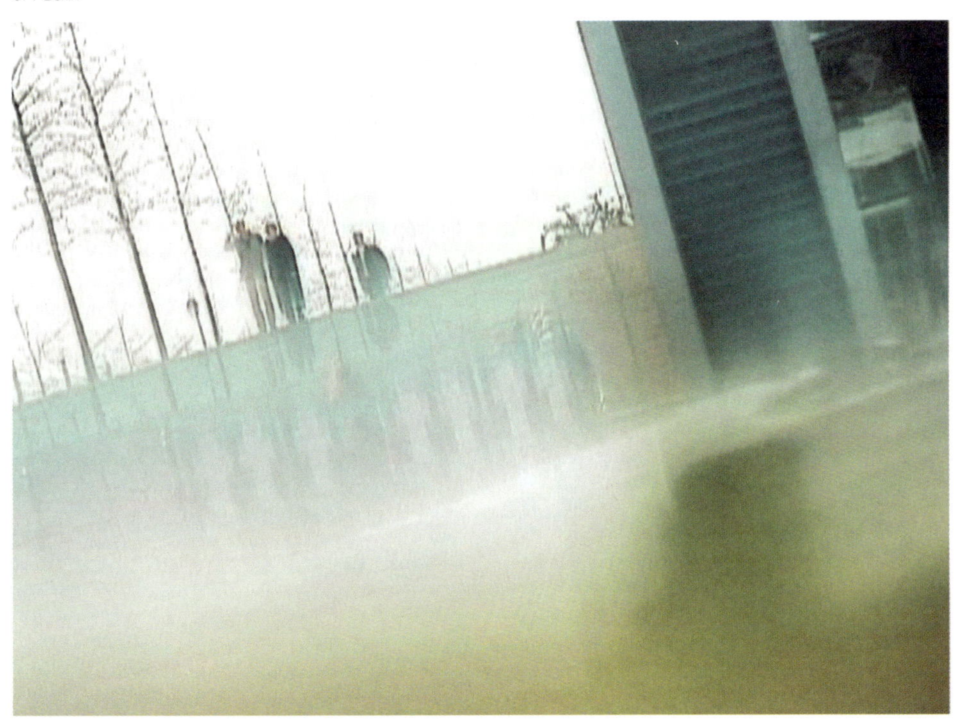

twem koncepcyjnej czystości i przedstawia kwestię wzajemnego oddziały-
wania tego, co świadome i podświadome, co często pojawia się nie tylko
jako ukryty fakt w rozmaitych dyskusjach, ale w tej samej roli występuje
również w naszej pamięci. W świecie tym jasno wyrażone życzenie bezpo-
średniego przeżywania czasu teraźniejszego, które miałoby się odbywać
bez dźwigania nieznośnego brzemienia pamięci, zostaje przeciwstawione
oczywistemu faktowi, iż bez niej nie moglibyśmy nawet dotrzeć do najbliż-
szego skrzyżowania czy chociażby zawiązać butów. Podejmujemy trud
przypominania, sądzimy, że oto już nam się to udało, a jednak sama treść
naszego wspomnienia pozostaje niejasna, niepojęta, mglista i chimerycznie
nieokreślona. Taką sytuację odmieniamy dopiero wówczas, gdy poszcze-
gólne treści naszych wspomnień umieszczamy w kontekście języka, na

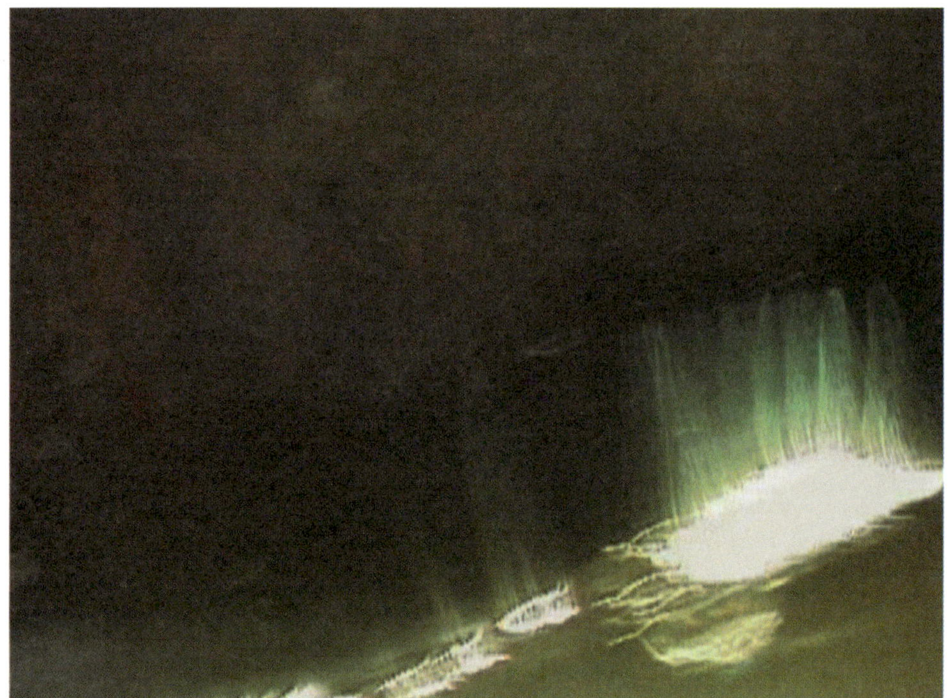

przykład nadając im porządek narracji. Wprawdzie wspomnienia stają się wtedy bardziej przejrzyste, ale ich znaczenie wciąż jest zanurzone w nadanym im przez nas kontekście. Dlatego tak trudno jest odróżnić wspomnienie opowiedziane od „tego wymyślonego", na które oddziałuje konstrukcja sztucznej narracji.

Lindman produkuje obrazy, które poprzez odbicia i zniekształcenia, poprzez grę malarskimi efektami światła i migotanie poetyckich abstrakcji, pozwalają nam wkroczyć na otwarte terytorium, którego granic nie można wytyczyć na stałe. Oczywiście każda nowa próba umieszczenia nieodmiennie cząstkowych treści pamięci w języku słów czy obrazów sprawia, iż treści te lokujemy w nowym kontekście (nawet jeśli będzie to tylko kontekst następowania po sobie

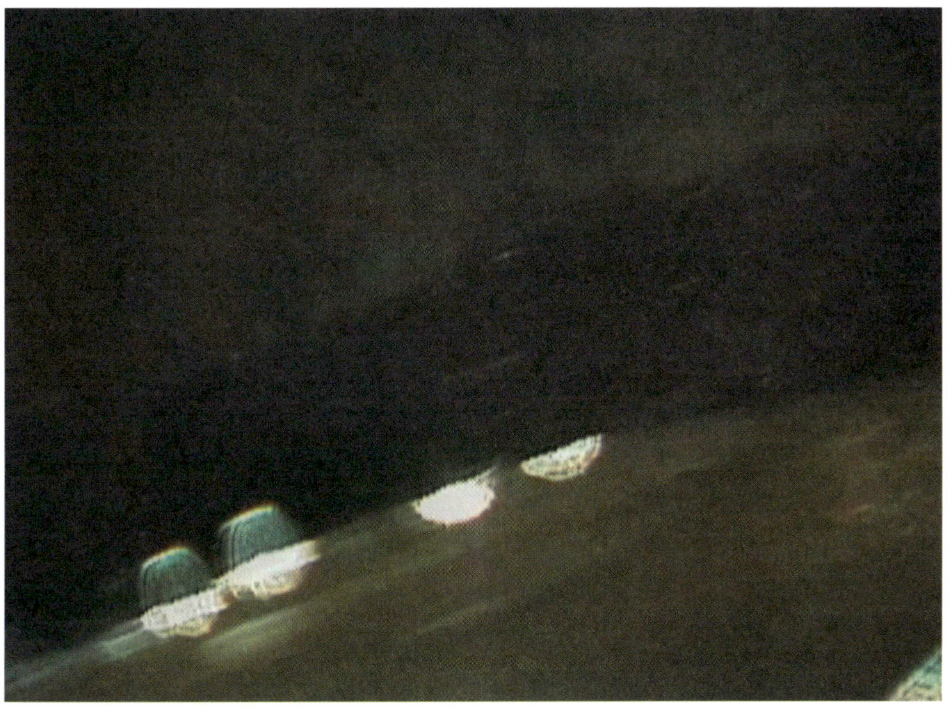

pewnych zdarzeń w czasie). Nietrudno zgadnąć, że w ten sposób stwarzamy
jedynie kolejne odstępstwa i osobliwości rozmaitych przedstawień. Lindman
potrafi jednak tę właściwość działania naszej pamięci uczynić czymś twórczym.
W sporze z materią wspomnień kluczową rolę odgrywa tutaj czynnik czasu
i sposób montowania obrazów. Artystka zajmuje się procesem powstawania
fikcji w akcie przypominania i nadaje wspomnieniom status wyobrażeń. Robi to
poprzez przeniesienie tego, co wielokrotnie zostało powtórzone w przeszłości,
do sfery tego, co jeszcze nie zostało przeżyte i doświadczone. Dzięki temu Pia
Lindman otwiera „ciemnej", niemożliwej do odtworzenia przeszłości perspekty-
wę nowej relacji ze światem naszej teraźniejszości.

Przełożył Łukasz Gałecki

Memory as the Processing of Reality

Christoph Tannert

It is not easy to get used to the rapid flow of Pia Lindman's videos . . . the oscillation between diverse cuts of reality, images permanently veering off their axes. After viewing her videos for the first time, I felt like a sailor on the rough seas. The clouds and undulations, the swirling up and down; you are always about to be caught in the waves of reflection.

This volatile mix of diverse structural elements, with titles such as *Waterline* (2002) or *Spree* (2006), presents a singular view on the cities of New York and Berlin. You need time to follow Pia's reconfiguration of experience in order to see and understand. Her videos are subjective appropriations of urban reality, sensual experiences of urban space, which she connects with each place's history. For her, it involves more than a mere glimpse into the territories of mobility and the testimonies of the alien that dominate contemporary discourse; it is more than a representation of urbanism measured by the skyline alone. Rather, it involves the diversity and inconsistency of experiences and visual impressions within public space. *Waterline* and *Spree* are discreet works that reproduce the „variegation" of a city as a labyrinth of knowledge, and dissimulation.

Instead of filming (as made-for-TV documentaries do) generation-specific and ethnically-differentiated urban "scenes," with their openness to the world and a tolerance that reveals the space in which various life forms unfold, Pia shows us how footprints disappear while simultaneously illuminating the trail ahead. For Pia, urbanity is, above all, a diving expedition into the depths of memory. She poses questions about memory in the age of digital data storage and high-speed media.

In fact, art today serves as a kind of deceleration machine, especially when it conflicts with images circulating in the media. In the age of accelerated production and consumption of images, where the Everyday demands „pattern recognition" from ever faster sequences in television and cinema, the fine arts - for which Pia provides visual examples – emphasize contemplation and discontinuity of hectic time intervals.

In her work, Lindman confronts the issues of mentalities and perspectives, as in *Viewing Platform* (2002) where she studies the ruins of the World Trade Center eight months after the terror attacks of 9/11. But the importance of these issues is even more pronounced when she turns her attention to Berlin after the fall of the Wall, as in *Spree*, where she asks how it is that Germans in the old east and the old west have such different views of events since 1989. In both *Viewing Platform* and *Spree,* it becomes clear how close (and yet how far) the fine arts and the science of history are to one another, the claims of both being intensified by subjective experience.

Pia's videos, including the history-saturated *Banks of Praga* and *Pope's Cross* (2006), clearly convey the overlapping of two fundamental realms of memory: Individual memory, which is bound both to the spirituality and life history of every person, and collective memory, represented and dissolved in specific spaces, and in the history of culture.

Her recent work on the Pope's visit to Poland on May 28, 2006 allowed Pia to address the relationship between the individual, the masses, and power, and that between Polish history and world history. She reveals her conceptual clarity through her subtle treatment of the conscious and unconscious, how they are interrelated, and how reality lurks in the shadows of both. Though one might wish to live in the present without the sometimes unbearable weight of the past, it is evident that a person without memory could not manage the most simple of tasks, even tying his or her own shoe laces.

We try to remember, we believe we remember, but the memory remains relatively indefinite, inconceivable, vague, chimerical. Everything changes

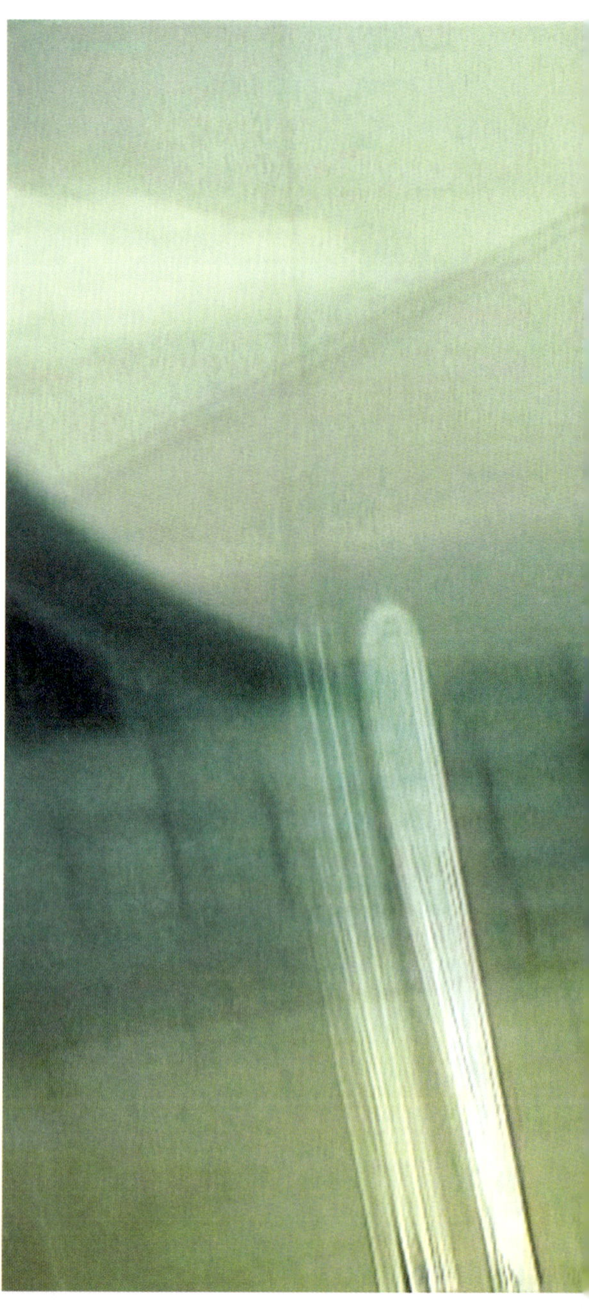

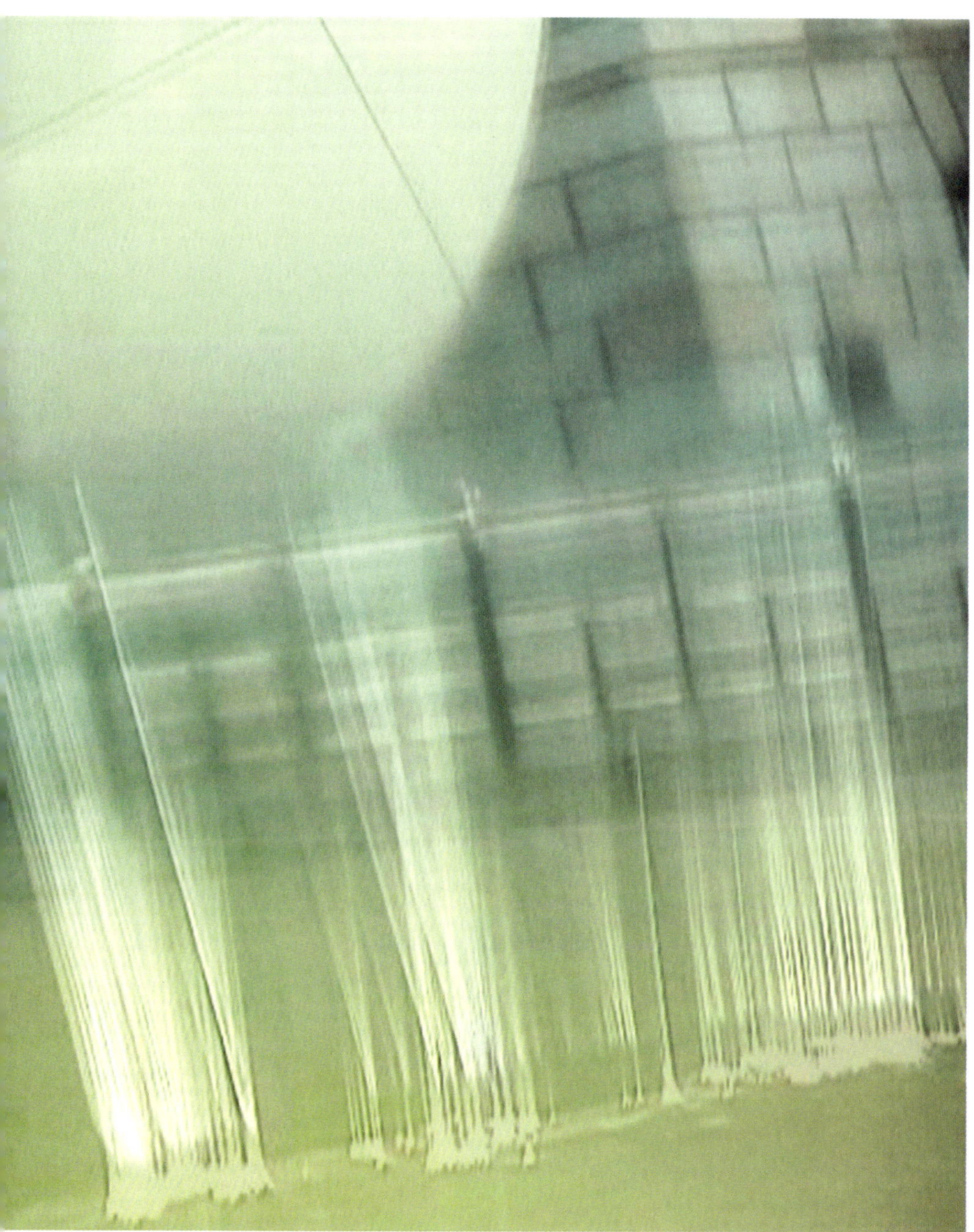

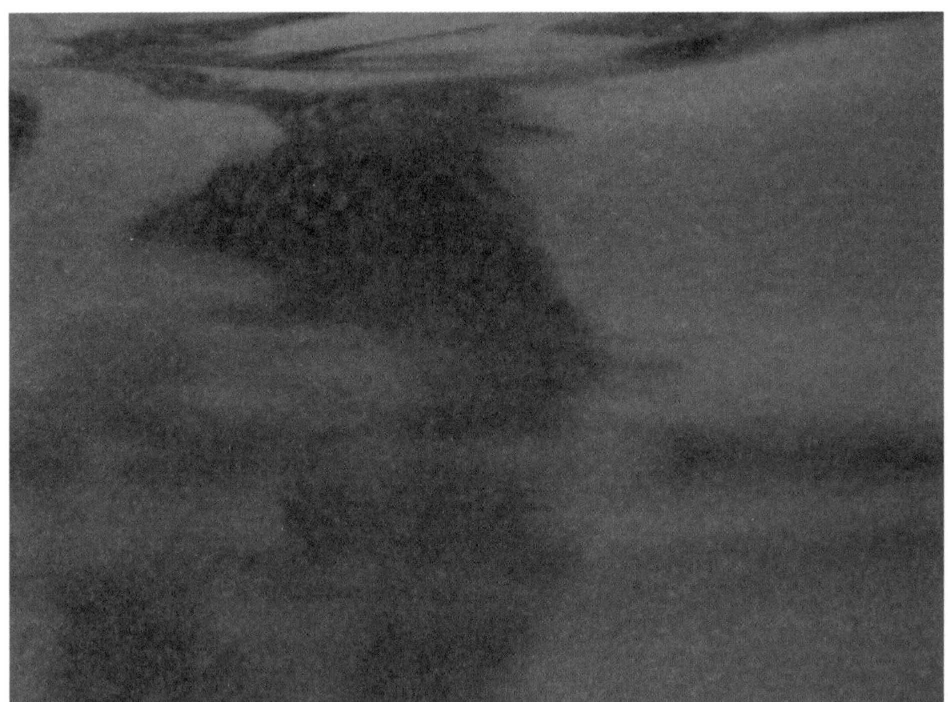

when we connect the remembered moment with something spoken, when we give it a narrative element. Memories become much clearer, though they emit their meaning only in the connections we impose upon them. Thus, it is difficult to distinguish between a recounted memory and an invented, freely constructed narration. Pia has produced images that – with reflections and distortions, with light-pictorial impressions and poetic abstractions – invite us into the unchartered, into the not-firmly-defined. It is clear that every new attempt, either with words or images, to bring coherence to our always-partial memories produces only greater divergences between various interpretations.

But Pia is able to make this feature of memory productive, and the way she handles time, along with the way she edits her videos, play decisive roles in

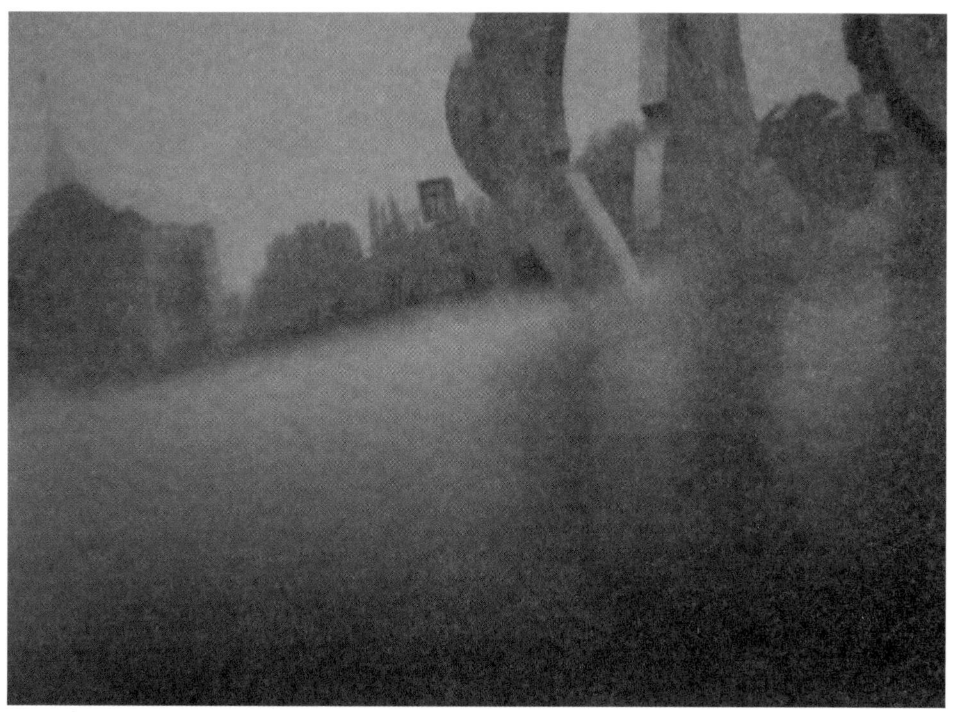

her art. She works with the idea of *memory-becoming-fictitious*, converting memory from the repetition of the past into an anticipation of something not yet experienced, not even in the past. She reveals through this her/our own „darkness," with the past having a new relationship to the present.

Translated from German by Alex Shannon

Warsaw

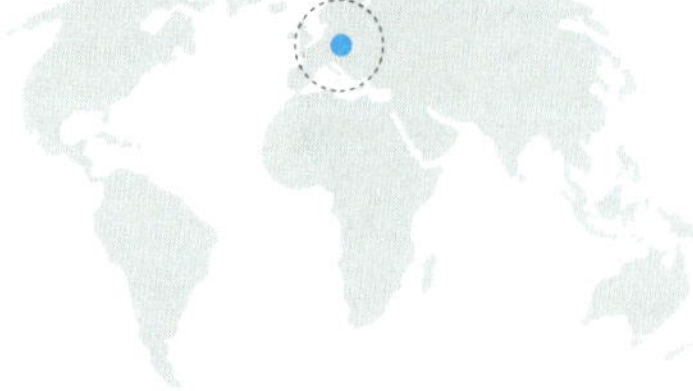

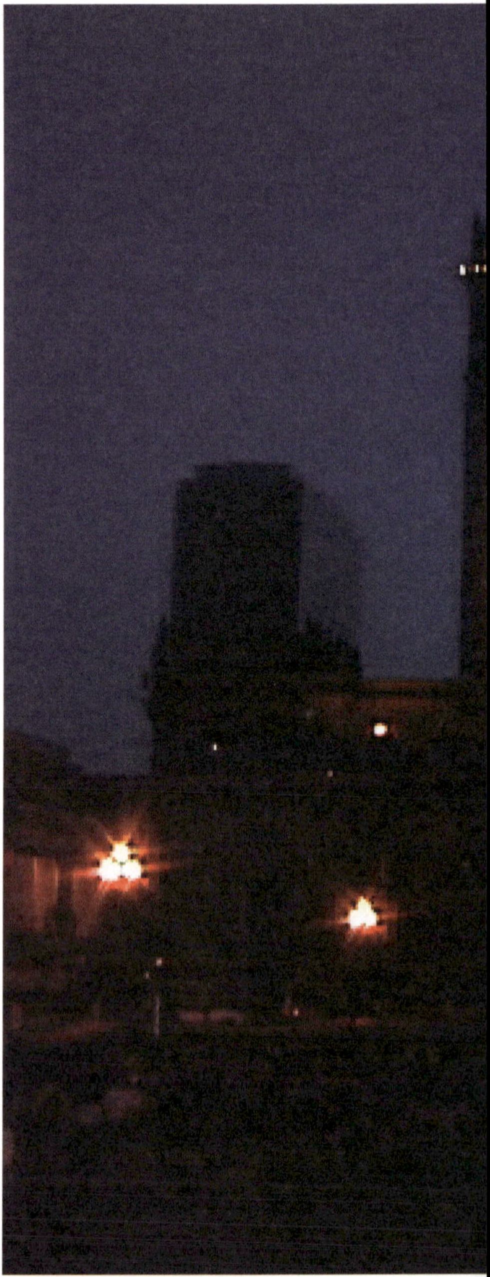

Pia Lindman –
dialektyka pamięci i zapomnienia

Łukasz Gałecki

I

Dzieło Pii Lindman zostało wrzucone, w dosłow-
nym sensie jako kamera zanurzona w wodzie,
w kontekst powojennej debaty polskiej, niemiec-
kiej i europejskiej na temat przeszłości, historii,
pamięci i zapominania.

Zapisanych niżej kilka intuicyjnych sądów jest próbą opisania szerszego kontekstu „nowojorskich"
prac Pii Lindman stworzonych po 11 września
2001 roku: *World Financial Center Project* (2002-
-2003), *Shea Stars Flash* (2004), *Waterline* (2002)
i *Viewing Platform* (2002); a zwłaszcza *New York
Times Project* (kontynuowany od 2003 roku),
prezentowanego między innymi w Berlinie (2006).
Każdy z tych projektów – ostatni chyba najdobitniej
– próbuje nadać miarę opisu i interpretacji cze-
muś, co w dalszej części tego eseju nazwiemy
syndromem posttraumatycznej pamięci. Dlatego,
podejmując wysiłek interpretacyjny i analizując
„przydatność" dzieł Lindman dla polskiego widza,
naznaczonego piętnem dialektyki pamięci i zapo-

Brazil - France, video, 2006 (przed Pałacem Kultury i Nauki/in front of Palace of Culture and Science)

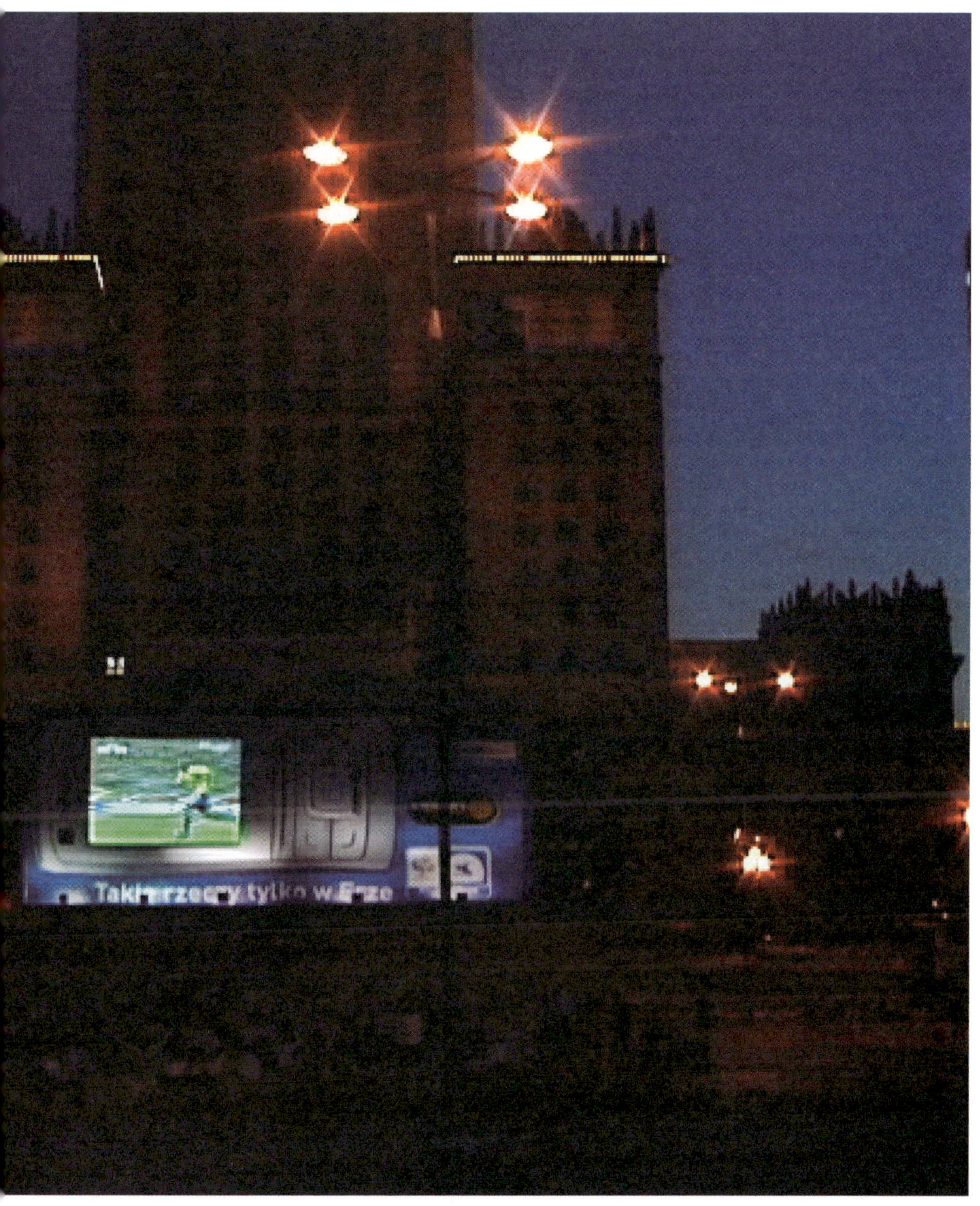

minania, powinniśmy opisać szerszy kontekst pewnego dialektycznego napięcia, w jaki one się wpisują. W tym szkicu postaram się odtworzyć pewien istotny fragment tego kontekstu, o co najmniej podwójnym obliczu.

Z jednej strony tworzy go wspólny dla wszystkich Europejczyków, choć bardzo nierównomiernie rozłożony i rozmaicie uświadamiany, kompleks winy za Holokaust. Z drugiej strony ów kontekst wytwarza i wciąż na nowo modyfikuje europejska tradycja kulturowa, która dostarcza języka do rozmów o owej winie i rozmiarach przypominania, podtrzymywania pamięci i zapominania. Jak można się było spodziewać w wypadku polskiej debaty nad historią, podobnie jak w analogicznych dyskusji we Francji i w Niemczech, język, w którym toczyły się rozstrzygające rozmowy a także poziom, na którym zapadały rozstrzygnięcia, nie został wyznaczony przez religię ani przez literaturę i sztuki wizualne, ale przez naukę. Dlatego właśnie w Polsce do języka nauk historycznych odwoływały się wszystkie inne idiolekty, włączając w to język Kościoła katolickiego. Nie stało się tak przypadkiem. Wbrew usilnie zachowywanym pozorom to właśnie nauka, nie religia czy sztuki wizualne, stanowi *lingua franca* polskiej polityki, życia społecznego, biznesu i rozrywki. Dzieje się tak, ponieważ mimo pozorów silnego katolicyzmu Polska jest krajem doświadczającym głębokiej duchowej niepewności i zamglenia horyzontu swej tożsamości. Dlatego w jej stosunku do własnej pamięci nie brakuje desperacji, rozdarcia, a ogromną rolę odgrywają na tym terytorium stare i nowe kompleksy i lęki.

Warto więc spojrzeć na tę problematykę z perspektywy odpowiedzialności artystów i historyków za stan tej lokalnej i „narodowej" debaty. Jak radzą sobie oni z wielkim zadaniem przepracowania przeszłości i uczynienia jej dostępną dla zwykłych zjadaczy chleba. Zarówno polska historiografia, jak i, znacznie szerzej, artystyczny namysł nad sensem wspólnej historii były w latach zaborów (wiek XIX i początek XX), strażnikiem polskiej tożsamości narodowej. Nieuchronnie naznaczone zostały przy tym martyrologicznymi sentymentami i resentymentami. Taki schemat interpretacji kultywowano zażarcie w okresie między wojnami. Potem przyszedł komunizm i jego drakońskie ograniczenia. Dlatego uwikłana w te wszystkie prawdziwe lub wyimaginowane serwituty, polska historiografia, a także debata nad stanem zbiorowej pamięci, rzadko podejmuje ryzyko i wypełnia zadania, jakie stoją przed nią w demokratycznym dialogu.

Tymczasem, jak nauczał Jürgen Habermas w okresie szalejącej w Niemczech w latach 80. *Historikerstreit* (debata nt. odpowiedzialności za zbrodnie nazistowskie), wspomagana przez historyków *dokładna, krytycznie sprawdzona pamięć o zdarzeniach, które odgrywają zasadniczą rolę w zbiorowej przeszłości, jest ważnym składnikiem polityki. Co więcej, dokładna, krytycznie sprawdzona pamięć pozostaje w związku z rodzajem aktywnego zapominania przeszłości (stanowiącego wcale nie alternatywę, ale składnik pamiętania), zezwalania przeszłości na odejście.* Nikt nie jest lepiej przygotowany do wypełniania tej właśnie roli niż historycy i pracujący w przestrzeni publicznej artyści. Jej znaczenie staje się tym bardziej oczywiste, im bardziej w europejskich debatach element irracjonalny domaga się prawa głosu i stara się zakrzyczeć wszystkie inne dyskursy. Regularność, masowość, wyrazista chronologia, stały podział ról i ich rozpaczliwa niekonkluzywność wyraźnie wskazują na obecny w nich element mitu, który domaga się rozpoznania. Ciążenie tego kontekstu jest tak przemożne, iż niewiele zmienia tutaj fakt, że Pia Lindman jest artystką o fińskich korzeniach działającą od lat w Nowym Jorku i wykładającą w Massachusets Intitute of Technology.

Chronologia debat, do których mimochodem nawiązują prace Pii Lindman, jest z reguły następująca: najpierw pojawia się film (*Shoah* Claude'a Lanzmanna, *Sąsiedzi* Agnieszki Arnold), książka (*Gorliwi kaci Hitlera* Daniela Goldhagena, *Sąsiedzi* Jana Tomasza Grossa) albo wystawa (*Zbrodnie Wehrmachtu,* Hamburger Institut für Sozialforschung). Film, książka lub wystawa stanowią prowokację, pewne fakty przedstawiają w sposób dla szerokiej publiczności szokująco śmiały, w opinii większości zdecydowanie przerysowany. Niekiedy wywód zbudowany jest na podstawie błędnych przesłanek (np. Goldhagen prezentuje teorię „wrodzonego" niemieckiego antysemityzmu, co przypomina teorie rasistowskie), w oparciu o zawężone czy fałszywie zinterpretowane źródła (przypadek wystawy *Zbrodnie Wehrmachtu*, która zawierała wiele zdjęć masakr popełnionych przez Armię Czerwoną

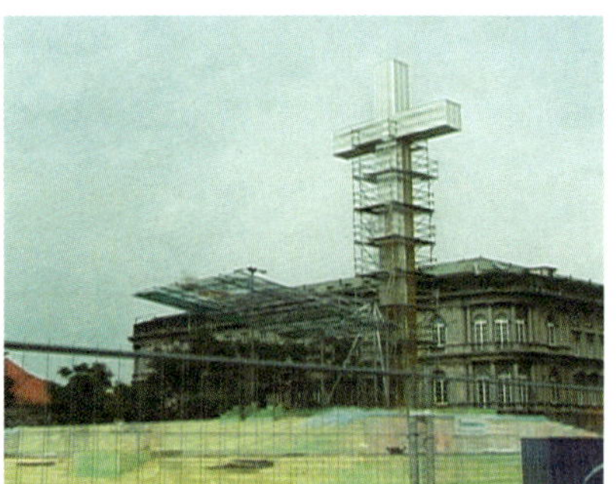

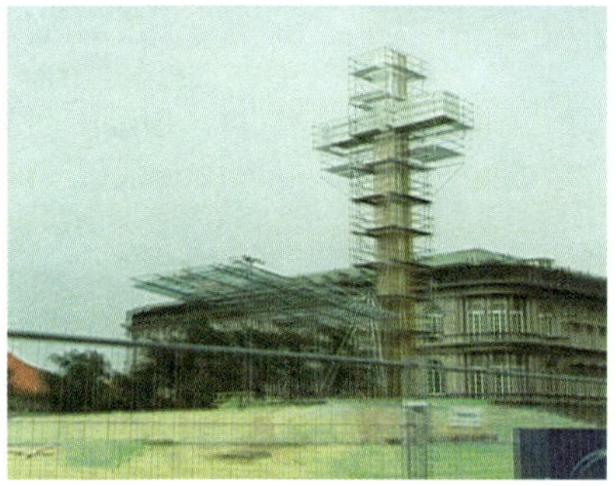

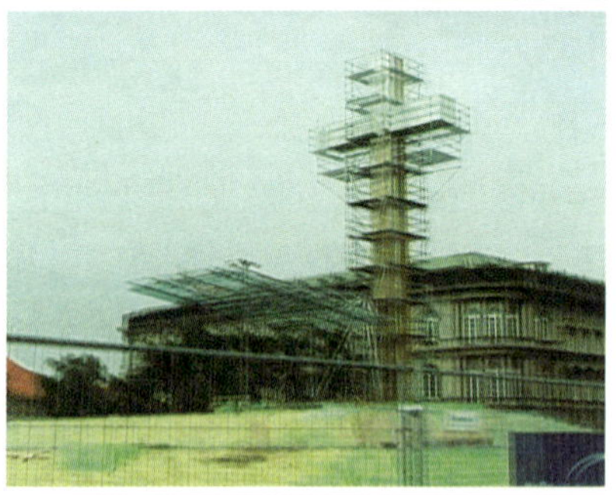

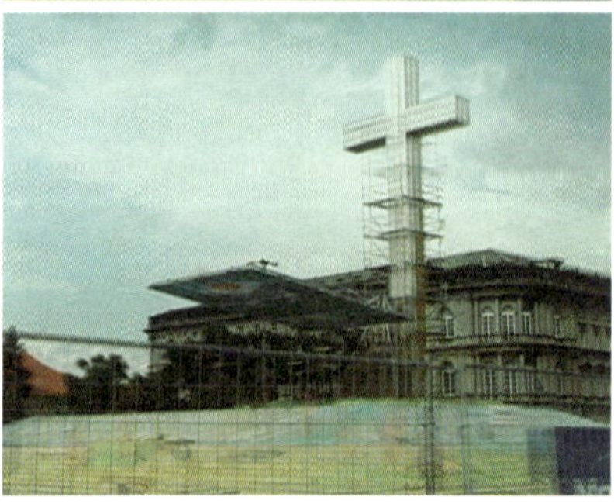

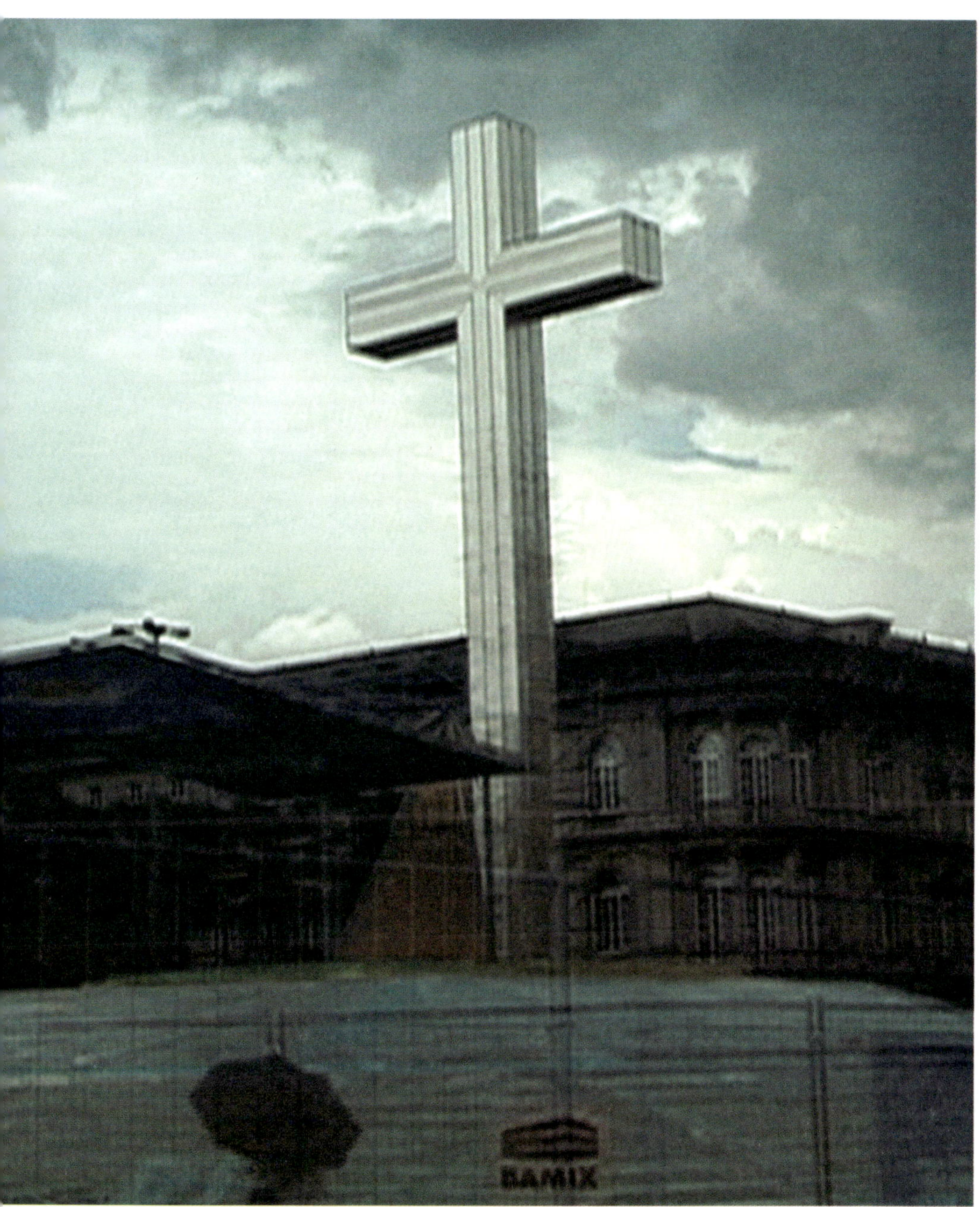
RAMIX

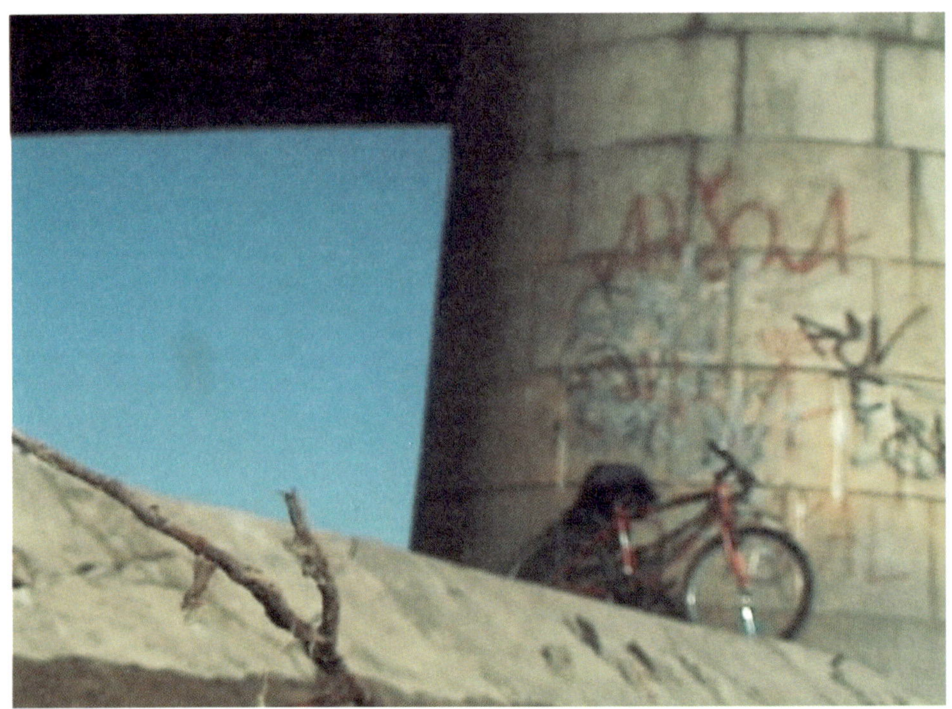

i przypisywała je formacjom niemieckim). W tym momencie pojawiają się historycy i strażnicy publicznej moralności, którzy za wszelką cenę starają się temat skompromitować.

Pamiętamy z polskiej debaty o Jedwabnem intensywnie eksploatowany argument o skandalicznych zaniedbaniach warsztatowych Jana Tomasza Grossa i równie często podnoszony argument o przynależności autora *Sąsiadów* do Przedsiębiorstwa Holokaust, czyli spełnianiu przez książkę roli służebnej wobec niecnych żądań materialnych Żydów w stosunku do Polaków. Tymczasem próba kompromitowania samej problematyki i autorów nie udaje się, albowiem publiczność bardzo chce rozmawiać. Zgiełk rośnie, głos zabierają intelektualiści i artyści, debata szybko przekracza horyzont przyjętej

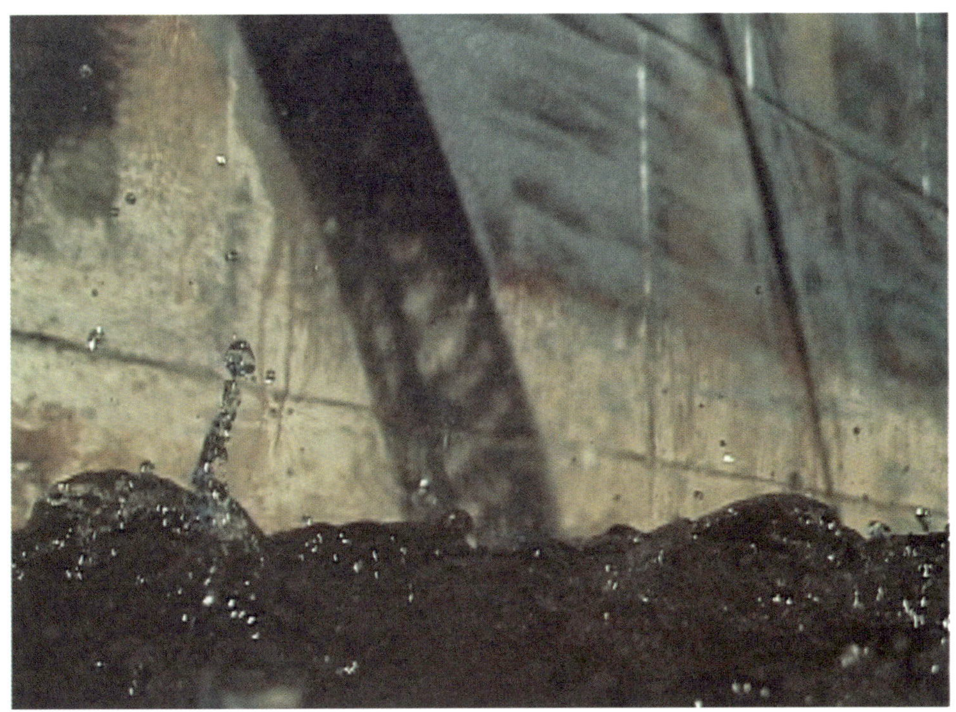

dotychczas poprawności. W Niemczech najbardziej pouczająca była w tym kontekście wypowiedź Habermasa o „przenikliwości i sile moralnej" książki Goldhagena jako „źródła istotnych impulsów dla świadomości publicznej". Wypowiedzi artystów i publicystów nieuchronnie wyprowadzają z równowagi historyków i profesjonalnych badaczy pamięci zbiorowej, którzy w takiej chwili zwykle obrażają się i wycofują z dyskusji.

W związku z tym, że debaty, o których mowa, z reguły zawierają element krytyki w stosunku do tradycyjnej historiografii, nerwowość historyków jest więcej niż zrozumiała. Gorzej, że ich głosy ujawniają niezrozumienie tego, czym jest dyskurs publiczny i jaką rolę odgrywają w nim oni sami z jednej, my zaś, czytelnicy, z drugiej strony.

Skąd bierze się namiętność i furia w tym sporze? W tym, co jedni biorą za histeryczny epifenomen, uboczny produkt „wielkiego biznesu czerpiącego soki z traumatycznego doświadczenia czy ideologicznej manipulacji", inni dostrzegają ni mniej, ni więcej tylko „przemieszczanie sacrum". W naszym zeświecczonym świecie dzieje się tak, że w zjawiskach masowych ukrywa się to, co mityczne. Nie od dziś także wiadomo, że mit ukazuje się w trybie powrotu i powtórzenia. Wcale nie chodzi o rehabilitację mitu jako źródła prawdy. Prawdziwym zagrożeniem jest dopiero lekceważenie mitu. Burzliwe dzieje volkizmu, nazizmu, komunizmu i antysemityzmu niech wystarczą za przykłady. W tej grze nie wystarczy, jak mawiał Immanuel Kant, „wystrzegać się złych snów". Złe sny trzeba rozpoznawać i opisywać je możliwie dokładnie - i czynić to *sine ira et studio*.

Jeśli sześćdziesiąt lat po wojnie w jakimś kraju (Polska) zostaje nagle wykupiony cały nakład książki, wydanej w niedużym wydawnictwie, traktującej o spaleniu ludzi w stodole (Gross), jeśli w innym kraju ludność wykupuje książkę, która zawiera opisy scen wyrafinowanego okrucieństwa i przypisuje czytelnikom coś w rodzaju „genu antysemickiego" (Goldhagen), a więc jeśli z kilkudziesięcioletnim opóźnieniem wybucha gdzieś jakieś posttraumatyczne szaleństwo, badacz społeczny, a raczej występujący w tej roli artysta, powinien dwa razy pomyśleć, zanim podobne zjawisko zlekceważy.

Pia Lindman jest artystką świadomą podobnego ryzyka. Dlatego ma rację Nico Israel, gdy pisze o jej nowojorskich pracach, że *ilustrują one kryzys świadectwa, będący zarazem kryzysem współczesnej etyki. Jej projekty, koncentrujące się zwykle na określonych miejscach, przypominają o historycznych traumach, czyniąc swoim tematem żal i smutek tych, którzy zdołali tam przetrwać. Pia stara się jednak nigdy nie ukazywać tego żalu wprost – groziłoby to dewaluacją czy eksploatowaniem tamtego cierpienia. W jej pracach smutek staje się naraz czymś politycznym i upiornym – politycznym jako upiorne dziedzictwo.*

Warto w tym miejscu spróbować odpowiedzieć na pytanie o to, co kryje się w nieprzemijaniu tragedii sprzed lat sześćdziesięciu (casus polski i niemiecki) czy tragedii ataku na WTC sprzed zaledwie kilku lat (casus amerykański), w zjawisku, które jak powtarzający się sen nawiedza coraz to nową widownię, podczas gdy aktorzy grający spektakl dawno już opuścili teatr? Co sprawia, że czas mija, a martwi są coraz bliżej nas.

Jak to możliwe, że po ponad pół wieku rany nadal się nie zabliźniły? Na te pytania nikt nie odpowie w pojedynkę. Dlatego w tej debacie tak potrzebne jest spojrzenie z zewnątrz. W tym wypadku artystki przybywającej do Polski z bagażem posttraumatycznego doświadczenia, wyniesionym z nowojorskiej Ground Zero. W tej debacie trzeba brać, nie pytając, kto daje. Tylko wtedy możemy zostać naprawdę wspaniałomyślnie obdarowani. Oto socjolog ma podpatrywać psychologa, antropolog filozofa, literaturoznawca historyka. A wszyscy oni niechaj poddadzą się krytycznemu oglądowi artystki niezwiązanej kodeksem profesjonalnej poprawności, obowiązującym w znacznej mierze we wszystkich wymienionych dziedzinach nauki. Ona bowiem może pozwolić sobie na wypowiedź, w której sama dla siebie zdoła ustanowić „reguły gry z pamięcią".

II

Oto w kategorii postpamięci, od której wypada tu zacząć opowieść, odbija się po trochu każde wspomnianych nauk, a także świat, w którym nic nie jest takie, jak było. Dzisiejsza pamięć to nie jest pamięć po prostu. Postpamięć jest bowiem cechą doświadczenia tych, którzy wzrastali w cieniu opowieści o zdarzeniach, które rozegrały się przed ich narodzeniem. W konsekwencji ich własne doświadczenia musiały ustąpić miejsca historiom poprzednich pokoleń, ukształtowanych w traumatycznych okolicznościach, które nigdy nie zostały do końca zrozumiane i odtworzone. Dlatego, kiedy oglądamy prace Pii Lindman, nieuchronnie nakładają nam się różne plany: Holocaust, World Trade Center i kilka warstw europejskich traum wojennych i powojennych.

W rodzinach - takich jak moja - istnienie postpamięci, zawsze na granicy polskich i żydowskich opowieści o przeszłości, która nie chce przeminąć, jest nie tylko zrozumiałe, ale w pewien sposób oczywiste. Tak było od

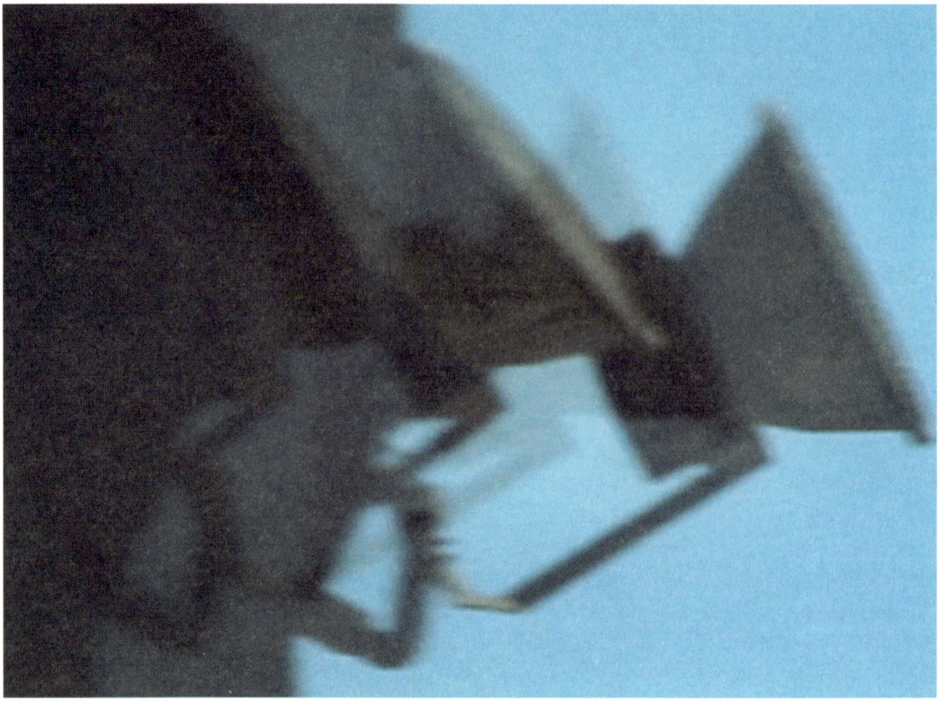

zawsze w społecznościach obciążonych traumatyczną przeszłością.
Dlaczego jednak wyrywa się ona dziś poza grono bezpośrednio napięt-
nowanych? Dlaczego przekracza rodzinne opłotki? Dlaczego wbrew in-
stynktowi, który nakazuje izolowanie „zarażonych nieszczęściem", wylewa
się poza hospicja i zakłady psychiatryczne i udziela nie tylko pojedynczym
ludziom, ale całym społecznościom? Opisywane zjawisko ma najwyraźniej
zdolność przemieszczania się. Historia tego przemieszczania się zostaje
bardzo mocno zasugerowana w pracach Lindman. Nie znamy wprawdzie
jego punktu początkowego i nie wiemy, jaki jest końcowy, możemy jednak
przyjąć, że sama droga jest celem, a wędrowiec, czy chce tego czy nie,
zostanie w tę podróż wysłany.

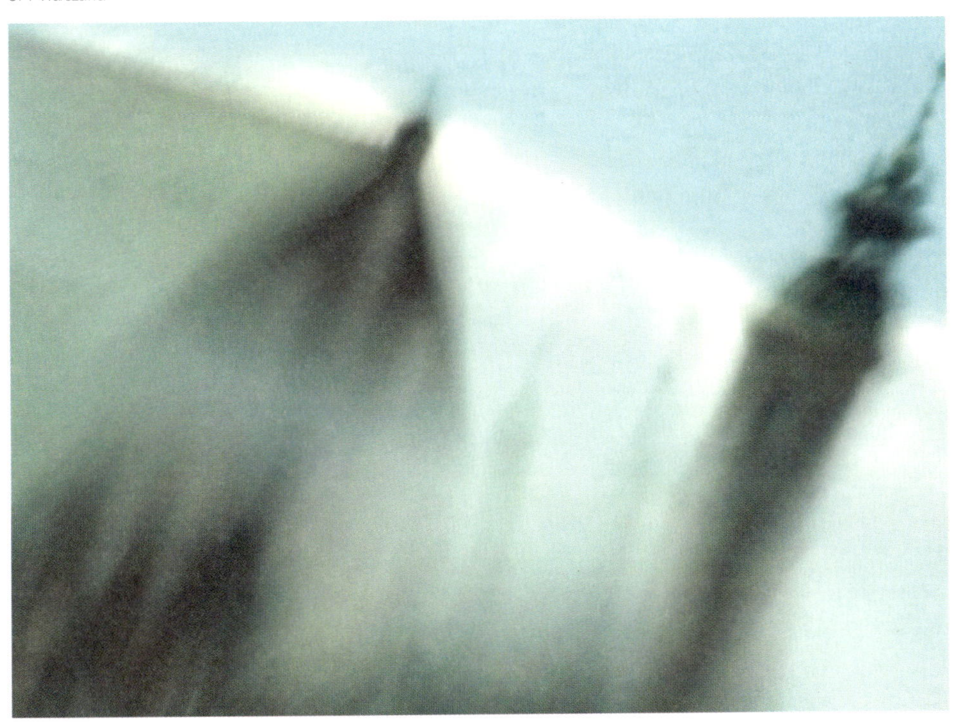

Tymczasem przemieszczanie się w świecie przedstawionym przez Pię
Lindman odbywa się w zastępczej przestrzeni i czasie – w innym miejscu
i ze znacznym opóźnieniem w stosunku do wydarzeń, na które się powo-
łuje. Tym, co naprawdę uruchamia erupcję i nadaje jej niezwykłą dynami-
kę, jest stopniowe odchodzenie „prawdziwych" ofiar traumy. Masowość
postpamięci, jej wielogłosowość, a także rola, jaką odgrywa Holokaust
w amerykańskim życiu publicznym, wskazują, że w grę wchodzi tu osobliwy, mitotwórczy żywioł. Jest to pamięć zastępcza, przywłaszczona,
pamięć osadzona nie na swoim miejscu. Dlatego też jest to pamięć, która,
jak historyzm w Nietscheańskich *Niewczesnych rozważaniach* (*Unzeit-
gemässen Betrachtungen*), nie może umrzeć własną śmiercią. Dlatego
postpamięć raczej eksploduje niż przejdzie w obszar zapomnienia, a po-

zbierawszy się po wybuchu, od nowa rozpocznie swoją syzyfową, mityczną pracę.

Dzieło Pii Lindman przynależy do całego szeregu zjawisk, które wpisują się doskonale w horyzont „kultury posttraumatycznej" rozwijającej się gwałtownie od końca lat osiemdziesiątych. Ta ostatnia mogła przeżyć okres tak spektakularnego rozkwitu przede wszystkim jako reakcja na wcześniejszą heroiczną „kulturę milczenia". W Polsce płaszczem milczenia okrywano „udział Polaków" w Zagładzie, w Niemczech milczano na temat niektórych aspektów nazistowskich zbrodni, we Francji na temat zbrodni reżimu Vichy. Tymczasem w Finlandii, rodzinnym krajobrazie pamięci Pii Lindman, niektóre epizody ostatniej wojny nadal pozostają przykryte zniekształcającym płaszczem heroicznej opowieści o walecznych bojownikach. Zadziwiając umiejętnością godzenia obsesji na punkcie przeszłości z kurczącą się świadomością historyczną, kultura posttraumatyczna skupia się wokół centralnego urazu, zadawnionego i wypartego, który niespodziewanie powraca i poddaje rewizji całą bieżącą rzeczywistość. Formacja ta nie pragnie wyleczenia, raczej spełnia się w obsesyjnym wpatrywaniu się w niegojącą się ranę. Uraz staje się w ten sposób fetyszem, maską czegoś innego, tajemnicą, której sama nieświadoma, kultura ta nie potrafi inaczej zakomunikować. W takiej rzeczywistości wrzucenie kamery do rzeki wydaje się najlepszym sposobem na znalezienie sposobu reprezentacji świata nieprzedstawionego, świata zamkniętego w klatce posttraumatycznego bólu. Tak w przestrzeni publicznej działa Pia Lindman.

III

Jedną z kilku metafor, po które sięgają badacze tej dziwnej traumy, jest metafora „szkieletów w szafie" bądź „domu, w którym straszy". Duchy tego domu bez okien to nawiedzające nas wątki, które z powodu zakłóceń w porządku symbolicznym, braku rytuałów lub przypadków śmierci tak skrajnie niepojętych, że zupełnie niemożliwych do przebolenia w żałobie, bezpańsko błąkają się po naszym posttraumatycznym świecie. W tym świecie nikt, żadna jednostka, żadna grupa, nie może rościć sobie prawa do nich na zasadzie wyłączności. Jeśli nawiedzą one czyjś dom (naród, plemię, grupę), niepokoją wszystkich jej mieszkańców, nawet tych, którzy bywają w nim tylko przelotnie, nie są całkiem zakorzenieni, wiodą inne życie w postmodernistycznej krainie zapomnienia.

Nie należy jednak być może na kulturę posttraumatyczną spoglądać bez pewnej podejrzliwości. Warto wyrobić w sobie krytycyzm wobec jej nadużyć (patrz: casus Goldhagena „rasisty", casus Lanzmana mściciela, z rozmysłem ośmieszającego swych nazistowskich rozmówców), a także zafałszowań (elementy „zbawczego kiczu" w filmach *Lista Schindlera* Stevena Spielberga, *Korczak* Andrzeja Wajdy czy *Życie jest piękne* Roberta Benigniego). Warto odnaleźć w sobie świadomość istnienia przekłamań wynikających z nadmiaru bólu i dobrych intencji lub przeciwnie, z odrętwienia i nadmiaru ostrożności, jej uwikłania we wszystkie odcienie przesady (od niekontrolowanej identyfikacji z ofiarą poczynając, przez wszystkie odmiany „przeniesienia" i doświadczeń zastępczych, a na wtórnej wiktymizacji ofiar kończąc). Oto punkt wyjścia rozważań na temat zjaw zamieszkujących przestrzeń posttraumatyczną. Krytycyzm wobec samego zjawiska stanowi zarazem powód, dla którego właśnie artystów uważamy za najbardziej predestynowanych do tego, by dając nam swoje świadectwa, zapobiegali ekscesom powracającej, wynaturzonej postpamięci.

W świecie postpamięci, z którego wywodzi się Pia Lindman, nic nie jest bezwarunkowe. Celem rozumienia historycznego jest nie tylko wartościowy pod względem profesjonalnym zabieg rejestrowania przeszłości, ale także wspomaganie krytycznej, dokładnej i w pełni dostępnej pamięci o znaczących wydarzeniach, które stają się częścią przestrzeni publicznej. W pracach Pii Lindman widoczne jest pragnienie podjęcia zobowiązania do pracy na rzecz przywrócenia – przynajmniej symbolicznie i pośmiertnie – pewnej oczywistej godności odebranej ofiarom przez sprawców zła. I właśnie zło w przestrzeni publicznej jest jednym z najbardziej ukrytych, choć w pewnym sensie najbardziej oczywistych tematów jej prac. Dyskurs pamięci angażuje się tutaj poniekąd w sam proces opłakiwania i być może przygotowywania pochówku, to jest w czynności stanowiącej istotną część przepracowywania przeszłości. Wspomagana przez historyków i innych profesjonalnych

stróżów pamięci dokładna, krytyczna praca pamięci wiązałaby się więc
z rodzajem aktywnego zapominania, zezwalania przeszłości na odejście
– po to, aby społeczna energia, związana z odpychaniem koszmaru, mogła
się w końcu uwolnić. To eksplozywne niekiedy wyswobodzenie się energii
społecznych z więzów posttraumatycznej pamięci w pracach Lindman do-
konuje się w zwolnionych sekwencjach, na zamazanej linii horyzontu, przed-
stawione zostaje w figurach pozbawionych konturów i przejrzystych linii.

Jednak w świecie realnym argument złych intencji, niedouczenia czy
cynicznego posługiwania się kiczowatymi środkami ekspresji, a nawet
żądzy sensacji, widocznej u profesjonalnych badaczy przeszłości, mający
wyjaśnić przyczyny malejącego zaufania do tradycyjnego dyskursu opisują-
cego historię europejskich szaleństw, może stać się równie bałamutny jak
sprowadzanie kultury post-traumatycznej do cynicznego „przedsiębiorstwa
Holokaust". Odpowiedź na pytanie, dlaczego dzisiejsza masowa publiczność nagminnie odrzuca „porządną" historiografię, byłaby w świetle analizy
prac Lindman następująca: dzieje się tak, ponieważ historiografia nie zadbała o krytyczną, dokładną i w pełni dostępną pamięć, a już na pewno nie
wywiązała się z roli żałobnika. Dlatego w książkach Jana Tomasza Grossa,
pracach Pii Lindman czy opracowaniach Daniela Goldhagena ludzie szukają
tego, czego nie znajdą u innych: tlenu moralnego, który wyzwala się z chwi-
lą podjęcia pytań, bez odpowiedzi.

Zapytajmy jednak o to, co się dzieje, gdy artysta (a także każdy inny człowiek), zamiast skonfrontować się z wpływem jaki – w ścisłym związku z jego
tożsamością – wywiera na niego przeszłość, usiłuje ten wpływ zignorować?
Potoczny pogląd, wyrażający się w maksymie „czego oczy nie widzą, tego
sercu nie żal", bardzo różni się od stanowiska psychologów, którzy za
twórcą psychoanalizy powtarzają, że treści psychiczne są na dobrą sprawę
nieśmiertelne, toteż wyparcie ich nie tylko nie oznacza eliminacji, ale jeszcze
głębszą, bardziej powikłaną od nich zależność. Właśnie o tym mówi słynne
zdanie Daniela Cohn-Bendita, że lewicowy terroryzm lat sześćdziesiątych
stanowił nieuniknione odreagowanie utajonej pamięci o hitlerowskiej przeszłości.

Niewykluczone, że podobne wyparcie zaszło w polskiej pamięci o Zagładzie, mimo że inaczej rozdzielono w niej role ofiar i sprawców. Trauma zranionej pamięci, której z jakichś powodów zaprzeczono, wytwarza dwa patologiczne zjawiska. Z wierzchu, w warstwie młodszej, znajduje się wspomniana już postpamięć, u jej źródeł znajdują się zastrzeżone terytoria tabu historycznych. Tabu historyczne powstają wokół śladów historii uznanych za niszczące dla równowagi psychicznej lub tożsamości, a w związku z tym tłumionych tak długo, aż znikną w podświadomości. Siłę odrzucenia książki Grossa w Polsce czy pracy Goldhagena przez niektóre środowiska w Niemczech można wyjaśnić między innymi naruszeniem owego tabu. W polskiej debacie o zbrodni w Jedwabnem wystąpiły bardzo różne strategie obronne. Jedną z najczęstszych było wyparcie typu mitycznego, skądinąd najbardziej wyraziste. Zasłynęło ono w twierdzeniu Tomasza Strzembosza, że mordu w Jedwabnem dokonało „23 wyrzutków i kolaborantów", z domyślną implikacją, że ktokolwiek popełnia podobną zbrodnię, z definicji staje się wyrzutkiem, przez co naród, z którego się wywodzi, pozostaje niesplamiony. Teoria mętów i wyrzutków miałaby także oczywiste zastosowanie do wydawania Żydów podczas okupacji w ręce Niemców przez Polaków, zjawiska w pierwszym rzędzie zasługującego na tabuizację. W podobnej funkcji występowało obsesyjne, niepoparte jak dotąd żadnymi dowodami poszukiwanie obecności Niemców w Jedwabnem 10 lipca 1941 roku (tego dnia spalono żywcem żydowskie ofiary).

Ciąg dalszy rozumowania niektórych polskich badaczy i publicystów stanowi sugestia, że nastroje antysemickie w Jedwabnem były rezultatem współpracy miejscowych Żydów z NKWD (podczas sowieckiej okupacji w latach 1939-1941). W sposób oczywisty dowodzenie to sytuuje się między mitycznym a kognitywnym typem stłumienia. Podobnie jak próby skompromitowania Jana Tomasza Grossa jako „socjologa", a także dezawuowania osoby Szmula Wasersztejna jako „agenta UB"; jego celem miało być zmniejszenie dysonansu poznawczego pomiędzy tym, co się wie o własnej przeszłości (mord na Żydach dokonany polskimi rękoma), i tym, co się aktualnie o sobie myśli (Polacy nie mordują, co najwyżej zabijają w obronie własnej, natomiast bywają mordowani), oraz jak w związku z tym chciałoby

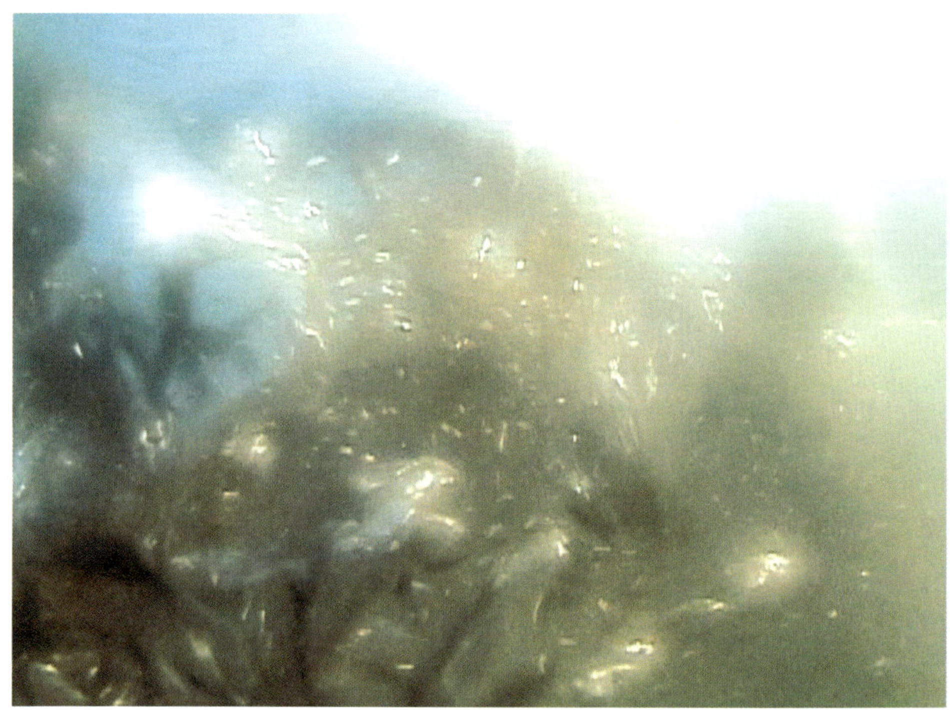

się tę przeszłość pamiętać (mord w Jedwabnem jako krwawa zemsta na kolaborantach, częściowo w związku z tym usprawiedliwiona; nie należy wierzyć „socjologom" i agentom).

Podobną wymowę może mieć (argument z rejestru stłumienia nieświadomego, przechodzącego niekiedy w wyparcie kognitywne) także specyficznie użyta panorama porównawcza pogromów antyżydowskich w innych krajach europejskich, zarysowana w niektórych pracach Tomasza Szaroty. Dzięki niej można złagodzić nieco wymowę mordu w Jedwabnem, umieszczając go w kontekście zbrodni organizowanych przez nazistów w innych krajach.

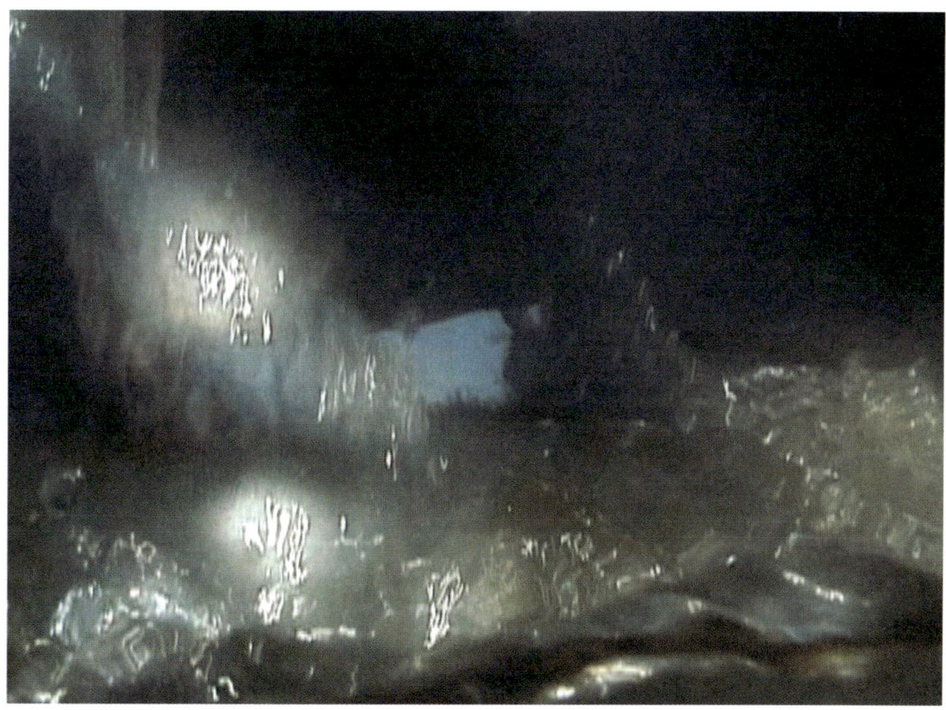

Tymczasem o podobnych postawach rozpatrywanych w kategoriach
psychoanalitycznych Freud pisał w sposób następujący: *naruszenie tabu
musi zostać surowo ukarane albo odpokutowane przez wszystkich człon-
ków społeczności, o ile społeczności te nie mają wskutek niego ucierpieć.*
Widziane z polskiej perspektywy powyższe zdanie może prowadzić do
wniosku, że w związku z niezbyt przykładnym i niejednomyślnym ukaraniem
Jana Tomasza Grossa, skutki jego bluźnierstwa na naszych oczach spa-
dają na cały Naród. Ostatni typ wyparcia reprezentują teksty publicystów
katolickiego i konserwatywnego „Naszego Dziennika". Określają oni sprawę
Jedwabnego mianem „fałszowania historii" i „gry wstępnej do nacisków na
wypłatę przez Polskę jak największych odszkodowań za żydowskie mienie".
Do głosów tych dołączyła część hierarchów Kościoła katolickiego, którzy,

jak biskup Stanisław Stefanek, uważali, że powodem oskarżeń są roszczenia materialne Żydów. Głosy te nie zasługiwałyby na uwagę, gdyby nie to, że nawiązują one do starego mitu o „perfidii żydowskiej" i „żydowskim spisku", którego historyczną konkretyzacją bywały oskarżenia o zatruwanie studzien, profanację hostii i mord rytualny. Erupcje tego głęboko zakorzenionego i wielowątkowego mitu pojawiają się przy okazji wydarzeń naruszających poczucie bezpieczeństwa jego nosicieli i są groźnym zapalnikiem przemocy (patrz: pogrom w Kielcach w roku 1946). Wymienione wyżej typy wyparcia stanowią ważną, lecz raczej mało reprezentatywną patologię myślenia przedstawionego przez polskich uczestników debaty na temat mordu w Jedwabnem. Powszechniejsza, groźniejsza, a zarazem trudniejsza do zauważenia była postawa profesjonalnego odrętwienia, którą zaprezentował mainstream wypowiadających się publicznie badaczy i publicystów. Jego przyczyny tkwią w formacji naukowej i publicystycznych preferencjach tej grupy i wyrażają się w usilnym przestrzeganiu specyficznie pojętych zasad profesjonalizmu. Oto kilka rozważań na ten temat.

IV

Według klasycznej definicji trauma powoduje rozszczepienie afektu, czyli doznań, i „reprezentacji", władz poznawczych. Można wyrazić to przy pomocy paradoksu. Straciwszy orientację, człowiek czuje coś, czego nie może sobie przedstawić, a zarazem, odrętwiały, usiłuje przedstawić sobie coś, czego nie może poczuć. Granice takiej przestrzeni próbuje wyznaczyć dzieło Pii Lindman. W wywiadzie, jakiego udzieliła mi w Warszawie tak opowiada o relacji między amerykańskim i europejskim wymiarem traumy: „Być może nie było to aż tak dramatyczne wydarzenie. Jeśli porównać tamten atak do zniszczeń wojennych, jakie dotknęły Berlin lub Warszawę, to szybko można policzyć, że było to wydarzenie nie największych rozmiarów, jeśli chodzi o sam poziom destrukcji. Każdy Polak, Niemiec lub Fin może przedstawić sobie daleko większe zniszczenia, które albo widział, albo zna z opowieści rodzinnych i szkolnych przekazów. Ale oczywiście 11 września wydarzył się w USA. To wie każdy. W samym sercu medialnej demokracji miało miejsce spektakularne wydarzenie, które dla wielu miało wymiar prawdziwej apokalipsy. Dla wielu nowojorczyków to było wielkie wydarzenie metafizyczne.

Patrząc z perspektywy europejskiej historii, gdzie prawdziwa apokalipsa
(II wojna światowa) wydarzyła się za życia naszych rodziców, taka postawa
może dziwić, ale dla Amerykanów podporządkowanych w swoim myśleniu
logice medialnego spektaklu takie wydarzenie musiało stanowić nowy początek, wyznaczać cezurę, wytyczać granicę świata, w którym nic już nie
będzie takie samo".

Tymczasem obserwując dyskusję nad książką Goldhagena w Niemczech
czy Jana Tomasza Grossa w Polsce trudno oprzeć się wrażeniu, że publiczność i wypowiadający się publicznie profesjonaliści (publicyści i historycy) to
dwa rozłączone aspekty jednego chorego na postpamięć człowieka, aspekty, które tak precyzyjnie podzieliły między siebie „doznanie" i „poznanie", że
całość pierwszego znalazła się po stronie publiczności, a całość drugiego
po stronie publicystów i artystów określających ramy tej debaty.

Najpierw wypada zapytać, jaki uraz kryje się w postpamięci „tego człowieka"? Nie wystarczy powiedzieć, że jest to zagęszczona trauma wojny,
zagarniająca ogromne pokłady tożsamości podświadomej kilka lat przed jej
rozpoczęciem i kilkadziesiąt po jej zakończeniu. Uraz ten to tak naprawdę
splot urazów, a postpamięć tego człowieka to właściwie kilka wzajemnie
sobie wrogich, choć ściśle ze sobą splecionych pamięci.

Mamy tu z jednej strony żydowską pamięć narastającego przed wojną antysemityzmu, tragedię polskich Żydów, zasymilowanych i niezasymilowanych,
opuszczonych w getcie zarówno przez naród, który wybrali, jak i przez „naród wybrany", podobnie nieskory wówczas do pomocy. Po nich następuje
Zagłada i nawracające, przerywane kilkoma okresami złudzeń, wypędzenie.

Z drugiej strony mamy tu nie mniej skomplikowaną polską pamięć, pamięć
„zdradzonych o świcie". Po tej stronie lista zdrad jest dłuższa, a winowajcy
mniej skłonni do pokuty. Na liście, oprócz Niemców i Rosjan, są także naj-
bliżsi sojusznicy Polski z września 1939 roku i z okresu Jałty, sojusznicy nie
tylko biernie akceptujący stalinowski zabór kraju, lecz także, jak dowodzi
historia „kłamstwa katyńskiego", czynnie go wspierający. Nie do końca jest

jasne, czy Żydzi właśnie w tym momencie pojawiają się na liście (najpierw w roku 1939 „chlebem i solą witający bolszewików", a następnie jako „żydokomuna" i „oprawcy z UB"). Gwałtowność, z jaką bywają w Polsce oskarżani, sugeruje, że w oskarżeniach pod ich adresem mogą znajdować ujście także i tamte, niewspółmiernie większe i dużo trudniejsze do wyartykułowania żale. Uderzająca jest symetria wymienionych tu „dwóch pamięci" i „dwóch prawd" z ich szyderczymi zaprzeczeniami. O ile pierwszą z nich upokarza i mobilizuje „kłamstwo oświęcimskie", o tyle drugą rani i oburza „kłamstwo katyńskie".

W sporze o książkę Grossa *Sąsiedzi* te osobne pamięci zderzyły się ze sobą i wzajemnie wyparły, po czym każda z nich zaczęła hałaśliwie domagać się dla siebie wyłączności. „Człowiek", podmiot zbiorowy, we wnętrzu którego zderzenie nastąpiło, zachorował, jego choroba zaś wyraziła się we wspomnianym już rozszczepieniu „doznania" i „poznania", tak gruntownie teraz rozdzielonych, że całość pierwszego znalazła się teraz po stronie publiczności, a całość drugiego po stronie historyków i publicystów nadających ton całemu sporowi. O ile publiczność w trakcie debaty o Jedwabnem w większości utożsamiała się już to z ofiarami, już to ze sprawcami jedwabieńskiego mordu, stanowisko „profesjonalnych uczestników debaty" przypominało wspomniane wcześniej pourazowe odrętwienie.

Gdyby to porównanie sporu o Jedwabne z psychiką człowieka po przejściach poprowadzić jeszcze dalej i zapytać o możliwość terapii pacjenta, rokowanie zależałoby pewnie od dostarczenia mu lekarstwa mogącego z jednej strony wytrącić go z odrętwienia, a z drugiej nauczyć krytycyzmu. Gdybyśmy nagle wyobrazili sobie inny, lepszy świat, tym lekarstwem mogłoby być coś, o czym wzmianka w kontekście aktualnego dyskursu historycznego brzmi jak żart. Chodzi mianowicie o empatię.

Na początku warto przypomnieć, czym empatia nie jest. Nie jest ona pełną identyfikacją czy bezwarunkową „sympatią", w której, jakkolwiek szlachetne byłyby jej intencje, drugi podmiot zazwyczaj przepada, a na jego miejscu zwykle pojawia się sam medyk-sympatyk, nieświadomie przywłaszczający sobie cudzy głos i atrybuty. W odróżnieniu od takiej „sympatii", empatia byłaby współodczuwaniem, w którym nikt nie występowałby w roli lekarza, a instancją leczniczą, sklejającą traumatyczne rozszczepienie, byłaby uwaga i szacunek, a także świadomość, że czyjeś przejmujące doświadczenie nigdy nie stanie się naszym. Nie będąc mechanicznym kompromisem, empatia miałaby szansę dochodzić racji obu stron sporu, nigdy ich przy tym nie niwelując.

Taki właśnie mógłby być happy end postpamięci. Dzięki pośrednictwu empatii, doznania publiczności i poznanie „profesjonalnych mówców w debacie" mogłyby znów się skomunikować, nieoczekiwanie otwierając potężne pole dialogu. Publiczność wzbogaciłaby się o krytyczną, dokładną i w pełni dostępną pamięć, a artyści odzyskaliby utracone czucie.

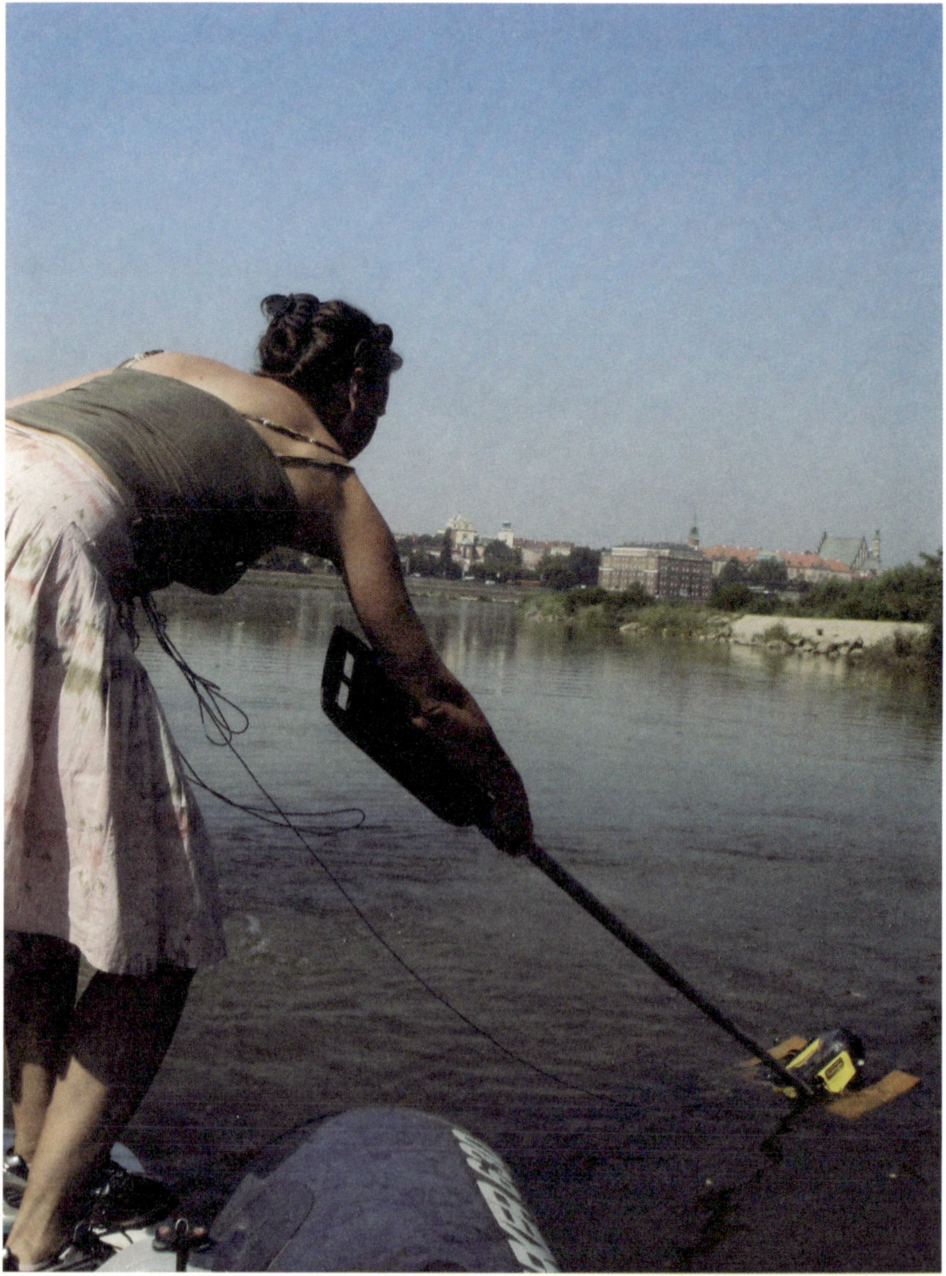

Pia Lindman – The Dialectic of Remembrance and Oblivion

Łukasz Gałecki

I

Pia Lindman's work has been thrown, like a camera literally immersed in water, into a post-war Polish, German and European debate over history, both remembered and forgotten.

The following short list of titles characterizes the wider context of Lindman's "New York" creations since September 11, 2001: Her residency in *New Views: World Financial Center* (2002-2003), which resulted in the videos *Waterline* (2002) and *Viewing Platform* (2002); *Shea Stars Flash* (video, 2004); and especially the extraordinary *New York Times Project* (2003-on-going), which Lindman has performed in New York on many occasions and, among other places, in Berlin in 2006. Each of these works – perhaps the last one most distinctly – represents an attempt to describe what might be called a post-traumatic remembrance syndrome. In an attempt to interpret the "usefulness" of Lindman's work for a Polish viewer stigmatized by the dialectic of remembrance and oblivion, we shall describe the broader context of a certain dialectical tension to which these works are subject. In this essay I will try to reconstruct the two-sided nature of this context.

One side is derived from the Holocaust guilt-complex, which is something shared by all Europeans even though not all Europeans are equally aware of it. And the other side manufactures – and constantly modifies – the European cultural tradition, which in turn determines the way Europeans talk about that guilt, the dimensions of memory, and the maintenance of both memory and forgetting. As one might expect, in the case of Poland as well as of France and Germany, the language in which historical debate has taken place has not been determined by religion, literature or the visual arts, but by the sciences, which is precisely why all other idiolects in Poland, including that of the Catholic Church, invoke its language. This has not happened by accident. Against all appearances, it is precisely science – and not religion or the visual arts – that constitutes the *lingua franca* of politics, society, business, and entertainment in Poland, and Poland – despite its pretense of being strongly Catholic – is a nation experiencing deep spiritual uncertainty; the horizons of its own identity are fading. Naturally then, with regard to its own memory, there is in Poland no lack of desperation and dilemma, with fears and complexes – both old and new – playing an enormous role on the national cultural stage.

It is worth viewing this problem from the perspective of the responsibility artists and historians must assume for the condition of this local and "national" debate. How do they manage the great task of reworking the past and making it accessible to ordinary people? During the era of the Polish partitions (the 19th and early 20th centuries), both Polish historiography and artistic practice – pondering the meaning of the nation's common history – acted as the guardians of Polish national identity. They were inevitably dominated by feelings of martyrdom and, naturally, by resentment. Their interpretations were actively cultivated in the interwar years. Then came draconian Communism with all its constraints, and from then on, both Polish historiography and the debate over collective memory were trapped in roles of servitude – both real and imagined; they rarely took risks and have found it hard to fulfil the tasks that face them in the democratic dialogue.

Meanwhile, as Jürgen Habermas taught during the *Historikerstreit* (a debate on responsibility for Nazi crimes) of the 1980s in Germany, the *accurate, critically checked remembrance about things, which play a crucial role in a collective past, is an important element of politics. Moreover, an accurate, critically checked remembrance is connected with a kind of an active forgetting of the past (which is, however, not an alternative, but an element of remembrance), letting the past go.* No one is better prepared for playing this role than historians and artists working in the public sphere, and its importance becomes all the more clear as the irrational element in the European debate demands to be heard and tries to shut down all other discourses. Regularity, massiveness, a distinctive chronology, a permanent division of roles and their desperate inconclusiveness, clearly point to an element of myth, present in themselves, which demands recognition. The weight of all this is overwhelming, and little is changed by the fact that Lindman is an artist with Finnish roots who has worked for years in New York City and lectured frequently at the Massachusetts Institute of Technology.

The order of events to which Lindman's work refers is generally this: First, a movie comes out [Claude Lanzmann's *Shoah* (1985), Agnieszka Arnold's *Neighbours* (2001), a book [Daniel Goldhagen's *Hitler's Willing Executioners* (1996), Jan Tomasz Gross's *Neighbours* (2001)] or an exhibition [*Wehrmacht's Crimes* in the Hamburger Institut für Sozialforschung (1995-2000]. A movie, a book or an exhibition makes a provocative statement, exposing some facts in a way that is, for the wider public, shockingly bold, and in the majority's opinion, exaggerated. Sometimes arguments take place based on false premises (e.g. Goldhagen presents a theory of "congenital" German anti-Semitism, which resembles racist theories), or based on too-narrow or falsely interpreted sources (as in the case of the *Wehrmacht's Crimes* exhibition, which included many photos of massacres committed by the Red Army and attributing them to German units). It is, at this moment, that historians and guards of a public morality appear, absolutely determined to disgrace the subject.

We remember – from the Polish debate on Jedwabne, a massacre of Jewish people committed by the Poles in July 1941 – the claims made against Jan Tomasz Gross's work, namely that it was technically flawed (claims that were intensely exploited) and that the author of *Neighbours* was affiliated with the Holocaust Industry, an accusation meant to suggest that the real aim of the book was to serve the reprehensible material demands of Jews towards Poles. Meanwhile, the attempt to compromise the issues and their authors has not been successful, because the public wants a critical discussion. The conflict goes on, intellectuals and artists debate, and that

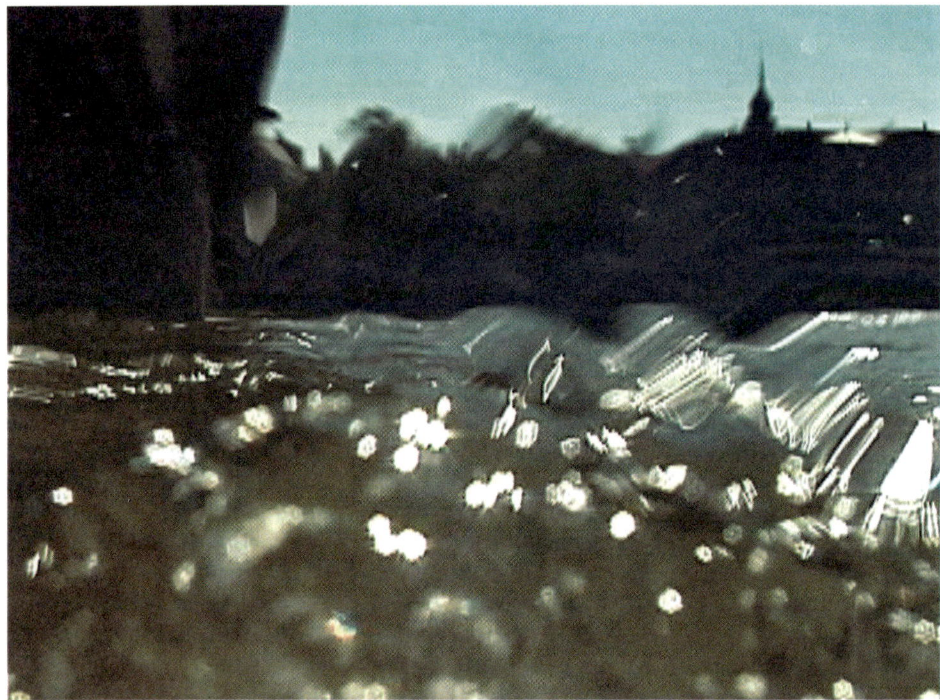

debate pushes the envelope. In Germany, what was most instructive was Habermas's statement on the "perspicacity and moral strength" of Goldhagen's book as "a source of important impulses for public awareness." Statements by artists and publicists inevitably upset historians and professional researchers of collective remembrance, who in such cases, usually become offended and withdraw from the public debate.

Considering that such debates usually contain an element of criticism towards traditional historiography, the historians' nervousness is more than understandable. Even worse is the fact that their arguments reveal a lack of understanding about what public discourse is, what role they themselves play in it, and what role we as readers play.

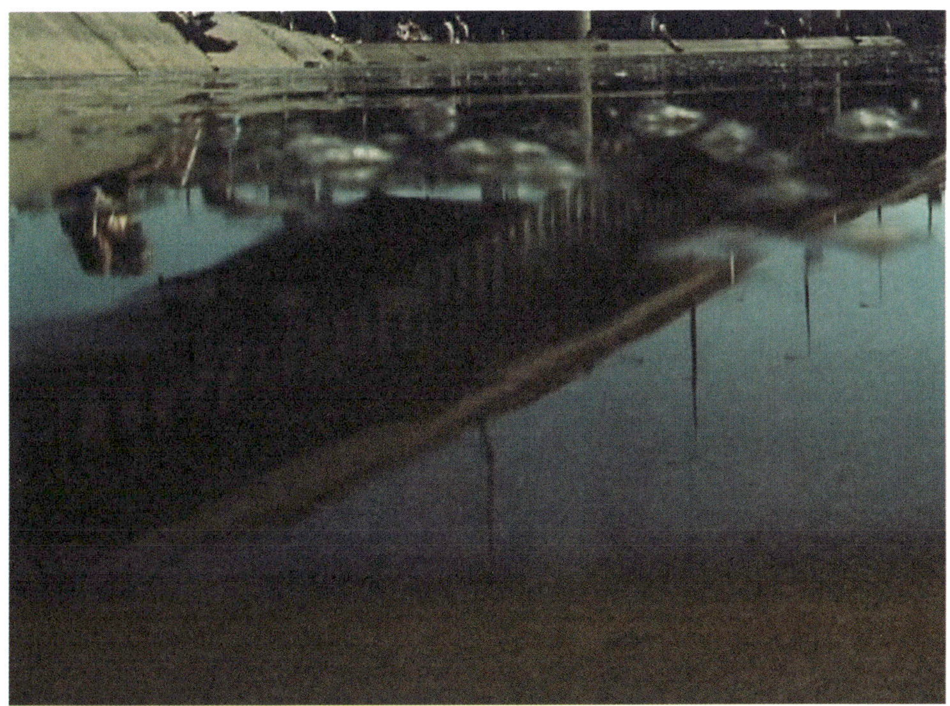

What is the source of this dispute's passion and fury? What some
people take as a hysteric epiphenomenon, a by-product of ‚the great
business of working to the bone a traumatic experience or ideological
manipulation,' some people see as nothing more than ‚stirring the sa-
cred.' In our secularized world, mass phenomena conceal that which is
mythical. It has long been recognized that myth reveals itself in cycles.
It is not about rehabilitating myth as a source of truth. The real threat
is disregarding myth altogether. The stormy history of volkism, Nazism,
Communism and anti-Semitism are the best examples. In this game, it
is insufficient, as Immanuel Kant said, "to beware of bad dreams." Bad
dreams must be identified and described as precisely as possible – and
it must be done *sine ira et studio*.

If sixty years after the war, an entire edition of a book from a small publishing house, which discusses the immolation of people in a barn (Gross), is suddenly completely bought up; if people purchase a book that includes descriptions of scenes of refined cruelty and attributes some kind of "anti-Semitic gene" (Goldhagen) to its readers; if some kind of a post-traumatic madness emerges belatedly after about twelve years, a social researcher, or rather an artist playing this role, must think twice before disregarding this phenomenon.

Pia Lindman is an artist aware of such a risk. Thus, Nico Israel was right about her New York works when he wrote that they *illuminate a similar crisis of witnessing, which is also a crisis of modern ethics. Her projects, usually focused on particular localities, acknowledge historical traumas by addressing the grief that they cause among the survivors in those places. But Pia is careful never to presume to represent that grief directly; to do so would risk cheapening or exploiting that suffering. Rather, in Pia's work, grief is rendered at once political and ghostly, political as ghostly remnant.*

At this point, it is worth trying to answer the question of what is hidden behind this everlasting tragedy of sixty years ago (in the Polish and German case) or the tragedy of the attack on the World Trade Center of only a few years back (in the American context), which, like some sort of an endless recurring nightmare, still haunts an ever-new audience long after the actors have left the theatre. How is it that time passes but the dead are ever closer?

How is it possible that, more than a half century later, the wounds have not healed? No one can answer such a question alone, and because of this, debates like these require a view from the outside – in this case, an artist coming to Poland with a store of post-traumatic experiences taken from New York's Ground Zero. In this debate, one has to take without asking who is giving; only then can we be really magnanimously given. A sociologist watches over the psychologist, an anthropologist over the philosopher, an expert in literature over the historian. And may all of them be observed by the artist not constrained by the code of professional correctness that binds nearly everyone in the academic sciences. Only she can allow herself an answer, with which she will manage to establish the "rules of the game of remembrance."

II

Precisely in this notion of post-remembrance, where the story rightly begins, all the sciences mentioned above are reflected, bit-by-bit, as is the world, in which nothing is like it was. Present-day remembrance is not simply remembrance. Rather, post-remembrance is a feature of the experiences of people who live in the shadows of stories about events that took place before their births. As a consequence, their own experiences had to give up a seat to histories from preceding generations, shaped in traumatic circumstances, which have never been fully understood and reconstructed. Therefore, when we view Lindman's works, different lines inevitably intersect: The Holocaust, the World Trade Center and a few European wars, each with their own post-war traumas.

In families like mine, the presence of post-remembrance (inhabited by stories always on the border between the Polish and the Jewish pasts) is under-standable and, in a sense, could be taken for granted. Those stories never seemed to go away. It has always been like that for societies burdened with a traumatic past. But why today does it go beyond those directly stigmatized? Why does it cross family borders? Why does it run contrary to the instinct that says it should be isolated to those "infected by misfortune" and instead pour out beyond the hospices and psychiatric hospitals and infect not only single individuals, but rather an entire society? Such phenomena have an incred-ible ability to relocate, the history of which is strongly suggested in Lindman's works. We do not know where it starts, and we do not know where it ends, but we must admit that the path itself is the goal, and the wanderer – whether he or she likes it or not – will be sent down that path.

Relocating into the world described by Lindman occurs in a substitute space and time – in another place and with a significant delay in relation to events. What really gives her work an unusual dynamic is the gradual departure from the "real" victims of the trauma. The massiveness of post-remembrance, its multi-voiced nature, alongside the role the Holocaust has played in American public discourse, all suggest that what is at play here is a peculiar, myth-creative element. It is a substitute remembrance, appropriated, a remembrance planted not in its place. Therefore, it is also a remembrance, which, like a historicism in Nietzsche's *Untimely Meditations* (*Unzeitgemäs-sen Betrachtungen*), cannot die its own death. Post-remembrance will rather explode than arrive on oblivion's terrain and, having pulled itself back together after the explosion, will take up its mythical, Sisyphean labour again.

Lindman's work is part of a whole series of events that have developed – ever more rapidly since the 1980s – into the horizon of "post-traumatic culture." Such a culture could survive a period of spectacular prosperity mainly as a reaction to a preceding, heroic "culture of silence." In Poland, "Polish partici-pation" in the extermination of Jews was hidden under a cover of silence; in Germany, only dim light was shed on some aspects of Nazi crimes; the same in France, on the crimes of the Vichy regime. Meanwhile, in Finland, the landscape for Lindman's remembrance, some episodes of the last war are still distorted by heroic stories of brave warriors. Astonishingly, given its ability to reconcile an obsession with the past with a shrinking historical con-sciousness, post-traumatic culture is focused on a central trauma, which is inveterate, and which unexpectedly returns and submits itself to a revision of all current reality. This construction does not want to be healed; it is rather fulfilled by an obsessive gaze at the open, festering wound. The trauma thus becomes a fetish, a mask of something else, a mystery that is itself unaware; this culture cannot communicate in any other way. In such a reality, throwing a camera into the river seems to be the best method of finding a way to repre-sent a non-introduced world, a world closed in a cage of post-traumatic pain. That is how Lindman works within public space.

III

Researchers of this strange trauma use such metaphors as "skeletons in the closet" or "a haunted house." The ghosts in this house without windows are themes that haunt us, which – because of a disruption in the symbolic order, a lack of rituals, of death so incomprehensible that mourning does not help the pain – they roam wild over our post-traumatic terrain. In this world no one, no individual, no group can claim the right to them exclusively. If they haunt someone's house (a nation, a tribe, a group), they upset all its residents, even those who are there only briefly, are not rooted there, who lead another life in a post-modernist land of the forgotten.

Maybe one should not view post-traumatic culture without some level of suspicion. It is worth entertaining some criticism in view of its abuses (Consider, for example, the Goldhagen-racists case, the Lanzman-avenger case, deliberately humiliating his Nazi interlocutors) and falsifications [components of "a salutary kitsch'" in Steven Spielberg's *Schindler's List* (1993), Andrzej Wajda's *Korczak* (1990) or Roberto Benigni's *Life is Beautiful* (1998)]. It is worth finding in oneself a consciousness of the existence of abuses resulting from an excess of pain and good intentions, or – on the contrary – from numbness and a surfeit of caution, an entanglement in all shades of exaggeration (from an uncontrolled identification with a victim, to all kinds of "relocations" and substitute experiences, to the repeated victimization of victims). This is the point of departure for discussions on phenomena in a post-traumatic space. Criticism of these same phenomena constitute, at the same time, a reason why we believe that artists are most pre-destined, in giving their testimonies, to prevent the excesses of a perverted post-remembrance.

In the world of post-remembrance, from which Lindman emerges, nothing is unconditional. The aim of a historical understanding is not only the professional registering of past events, but also the supporting of a critical, complete and fully accessible remembrance of significant events that become a part of the public sphere. In Lindman's works there is a clear sense of obligation to restore – at least symbolically and posthumously – some of the dignity taken from victims by the perpetrators of evil. Indeed, evil in the public sphere is one of the most hidden, and yet most obvious, topics of her work. In a way, the discourse about remembrance is connected to the process of mourning, perhaps even to the preparation for burial, that is, to acts

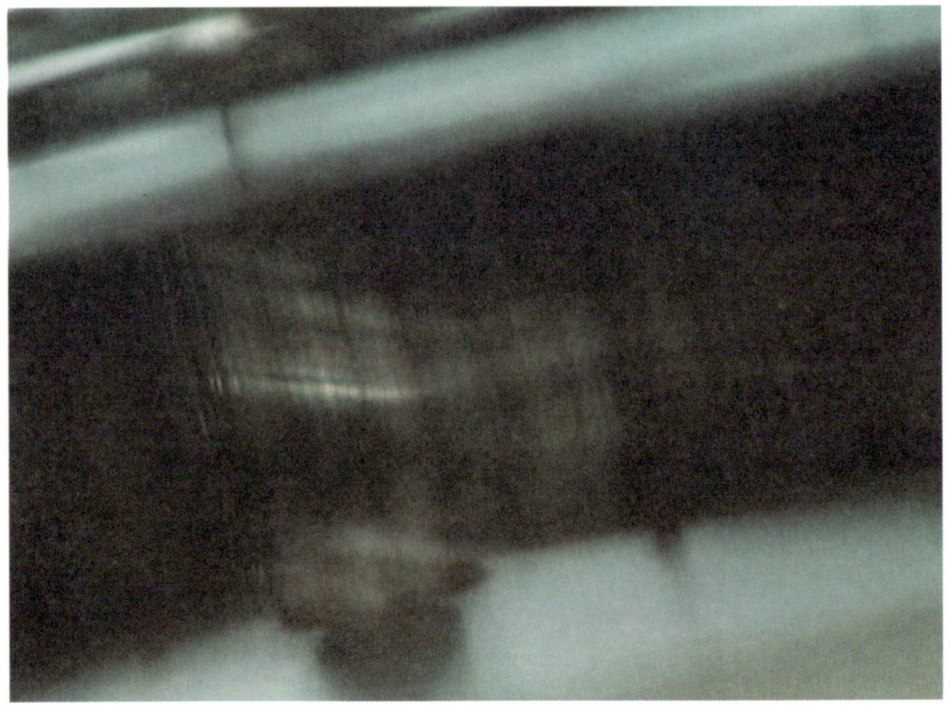

that constitute the working out of history. The complete and critical work of
remembrance – supported by historians and other professional guards of
remembrance – would be connected with a kind of active forgetting, letting
the past go, in order to release social energy, in the end, from the rejected
nightmare. This sometimes explosive shaking off of social energies from
shackles of post-traumatic remembrance takes place – in Lindman's works
– in slow motion, on the blurred horizon line; it is presented in figures that
have no outlines.

However, in the real world, an argument derived from bad intentions, poor
education or cynical and kitschy modes of expression, or even from a
simple desire to cause sensation, can be as misleading as an argument

that leads to the cynical expression "Holocaust Industry." The answer to the
question as to why today's public commonly rejects "neat" historiography
would, according to Lindman, be the following: Historiography has not
cared for a critical, deep and fully accessible remembrance, and has defi-
nitely failed to carry out its role as a mourner. Thus, in Jan Tomasz Gross's
books, in Pia Lindman's works, or in Daniel Goldhagen's publications
people search for something that cannot be found in other works: A moral
oxygen, which is liberated once unanswered questions are posed.

Let us ask, however, what happens when an artist (or anyone else), instead
of confronting something that bores into his or her past (something intertwined with his or her own identity) tries to ignore it? The common view – re-

vealed in the maxim "what the eye does not see, the heart does not grieve" – differs very much from the psychologists' view, which is that psychological problems are, to all intents and purposes, immortal; driving them away not only does not mean elimination, but deeper and more complicated dependence on them. This idea is the basis of Daniel Cohn-Bendit's comment that the left-wing terrorism of the 1970s was an inevitable reaction to latent burdens of the Nazi past.

It is possible that a similar sort of denial has occurred in the Polish remembrance of the Holocaust, despite a different division of roles between victims and perpetrators. The trauma of wounded remembrance, denied for whatever reason, has generated two pathological phenomena. On the topmost, early layer is where post-remembrance is located, and at its source are found the territories reserved for historical taboos. Historical taboos rise up from history's tracks, are recognized as destructive for psychological balance and identity, and are therefore suppressed so long as to disappear into the subconscious. The extreme way in which Gross's book was rejected in Poland, and how some, in Germany, rejected Goldhagen's work, can be explained by the fact that they violated a taboo. In the Polish debate on Jedwabne there were many different defensive strategies. One of the most often used was represented by a statement made by Tomasz Strzembosz, namely that the massacre in Jedwabne was committed by "23 outcasts and collaborators," the implication being that whoever commits a similar crime becomes an outcast, and that his nation thus remains unstained. The dregs and outcasts theory would be applied to how Jews, during the Nazi occupation, were handed over to the Germans by Poles, an issue which was one of the first to become taboo. Similarly, there has been an obsessive search – with as yet little proof found – for a German presence in Jedwabne on July 10 1941 (the day on which the Jewish victims were burnt alive).

Some Polish researchers and publicists have suggested that anti-Semitic feelings in Jedwabne were a result of cooperation between local Jews and the Soviet State Security Commissariat NKVD (during the Soviet occupation in 1939-1941). In an obvious way, such a claim falls somewhere between myth and denial. Much like attempts to compromise Jan Tomasz Gross as "a sociologist" or the denunciation of Szmul Wasersztejn as "a UB agent,"(an agent of the Urząd Bezpieczeństwa, a Soviet supported Polish State Security agent) its aim was to decrease the cognitive dissonance between what is known (crimes against Jews committed by Poles) and what one thinks of oneself (Poles do not murder; while they might kill in self-defence, they themselves are the real victims of murder) and how one would prefer to remember the past (the massacre in Jedwabne was a bloody revenge on collaborators, therefore partially justified; one must not believe "sociologists" and agents).

Of similar significance are attempts to place events like the one at Jedwabne into the wider panorama of anti-Semitic pogroms, those in other European countries, as outlined in some of Tomasz Szarota's works. With such an argument, one can devalue the meaning of the Jedwabne crime, placing it in the context of crimes organized by the Nazis in other countries.

Freud wrote on similar, though more psychoanalytic, issues in the following way: *Violating a taboo must be severely punished or atoned by all members of societies, as long as these societies are not to suffer as a result of it*. Viewed from the Polish perspective, Freud's idea could lead one to the conclusion that because of the incomplete way in which Jan Tomasz Gross was punished, the effects of his blasphemy are now falling on the whole Nation in front of our very eyes. Articles in the conservative Catholic newspaper *Nasz Dziennik* represent the latest type of denial. They describe the Jedwabne case as "falsified history" and "the first stage of an attempt to force Poland to pay the highest possible compensation for Jewish property." The Catholic hierarchy joined this chorus, with Bishop Stanisław Stefanek claiming that the reason behind the accusations was the material claims of the Jews. These opinions would not merit much attention if not for the fact that they refer to the old myths of "Jewish perfidy" and "Jewish conspiracy," with more concrete historical accusations being the poisoning of wells, profanation of the Host, and ritual murder. Eruptions of these

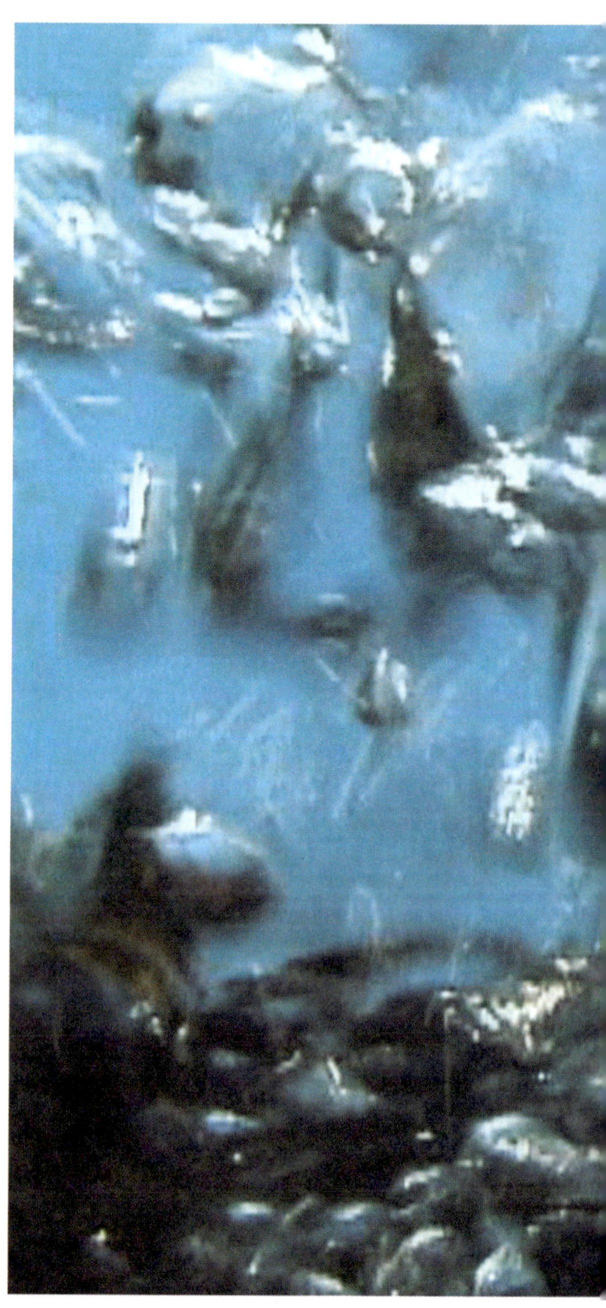

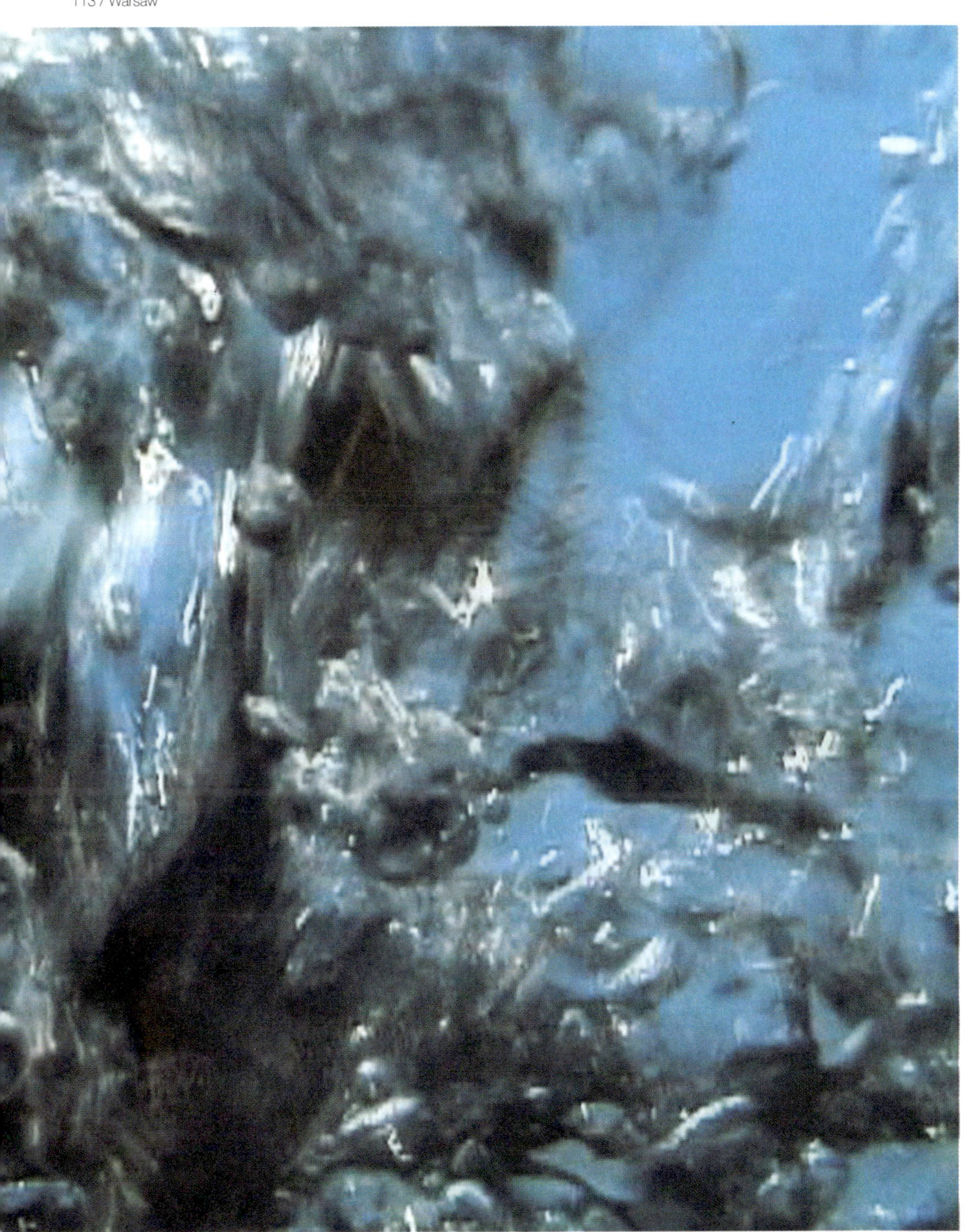

deeply rooted and multi-layered myths, which are a dangerous fuse of violence, appear whenever events occur that violate the sense of security of its carriers (*vide*: the pogrom in Kielce in 1946). The kinds of denial stated above represent an important, but rather unrepresentative pathology of thinking on the part of Polish participants of the debate over Jedwabne. More common, dangerous, and subtle was the numbness of mainstream publicists caused by the journalistic preferences of this group, specifically by their obeying of the accepted rules of their profession. Here are some deliberations on this topic.

IV

According to the classical definition, trauma has a splintering affect, of sensations, "representation," cognitive powers. It can be expressed with the help of paradox. Losing orientation, a man feels something he cannot visualize, and at the same time, numb, he tries to visualize something he cannot feel. In her work, Pia Lindman tries to outline the borders of such a space. In an interview she gave to me in Warsaw in 2006, she talked about the relation between an American and a European dimension of trauma in these words: "Maybe it was not such a dramatic event. If you compare this attack to the damage that Berlin or Warsaw sustained, you can quickly see that it was not an event of the greatest scale in terms of destruction. Every Pole, German or Finn may cite much larger destruction, which either he saw himself, or knows from family stories, or from the schoolroom. But obviously, September 11 occurred in the USA. Everyone knows it. In the very middle of a media democracy there occurred a spectacular event, which for many people had a dimension of real apocalypse. For many New Yorkers it was a great metaphysical event. Looking from the perspective of European history, where a real apocalypse (the Second World War) happened in our parents' time, such an attitude may be surprising, but for Americans, subject to the logic of a media spectacle, such an event had to become a new beginning, represent a turning point, mark out the world's borders, in which nothing remains the same."

Meanwhile, while observing the discussion of Goldhagen's book in Germany or Jan Tomasz Gross's book in Poland, one could not help but get

the impression that the public, on the one hand, and publicists and historians on the other, are two divided aspects of one individual's suffering
from post-remembrance; two aspects that share in precisely equal halves a
"sensation" and a "cognition." And one might conclude that while the whole
of the first aspect is on the side of the public, and the whole of the second
aspect is on the side of publicists, it is the artists who determine the wider
frame of this debate.

At first, it is right to ask what kind of trauma is hidden in the post-remembrance of "this individual?" It is not enough to say that it is a thickened
trauma of war, seizing wide layers of a subconscious identity a few years
before its beginning and dozens of years after its ending. This trauma is, in
fact, a series of traumas, and this individual's post-remembrance is, in fact,
a few mutually hostile but strictly intertwined remembrances.

On the one hand, we have a Jewish remembrance of the growing pre-war
anti-Semitism, the tragedy of Polish Jews, assimilated and unassimilated,
left in the Ghetto both by the nation they had chosen, and by the "chosen
nation," which was also unwilling to help. Then the Shoah occurs, followed
by a few broken periods of illusion, then repeated expulsion.

On the other hand, we have a no less complicated Polish remembrance, of
being "betrayed at dawn." Here, the list of betrayals is longer and the cul-
prits are less prone to penance. On the list, aside from of the Germans and
the Russians, are also the closest allies of Poland from September 1939
and from the period of Yalta, allies not only passively accepting the Stalinist
seizure of the state, but also, as the history of the "Katyń denial" proves, actively supporting it. It is not fully clear whether the Jews just in this moment
appear on the list (at first, "with bread and salt welcoming the Bolsheviks"
and then as so-called "żydokomuna" or "the Jewish communists" and "tor-
turers from the UB"). The intensity with which they are sometimes accused
in Poland suggests that those accusations are themselves an outlet for
larger, underlying, and much more difficult to articulate sorrows. The sym-
metry between the "two memories" and "two truths," on the one hand, and

Pia Lindman filmuje *Praski Brzeg*/Pia Lindman shooting *Banks of Praga*, 2006

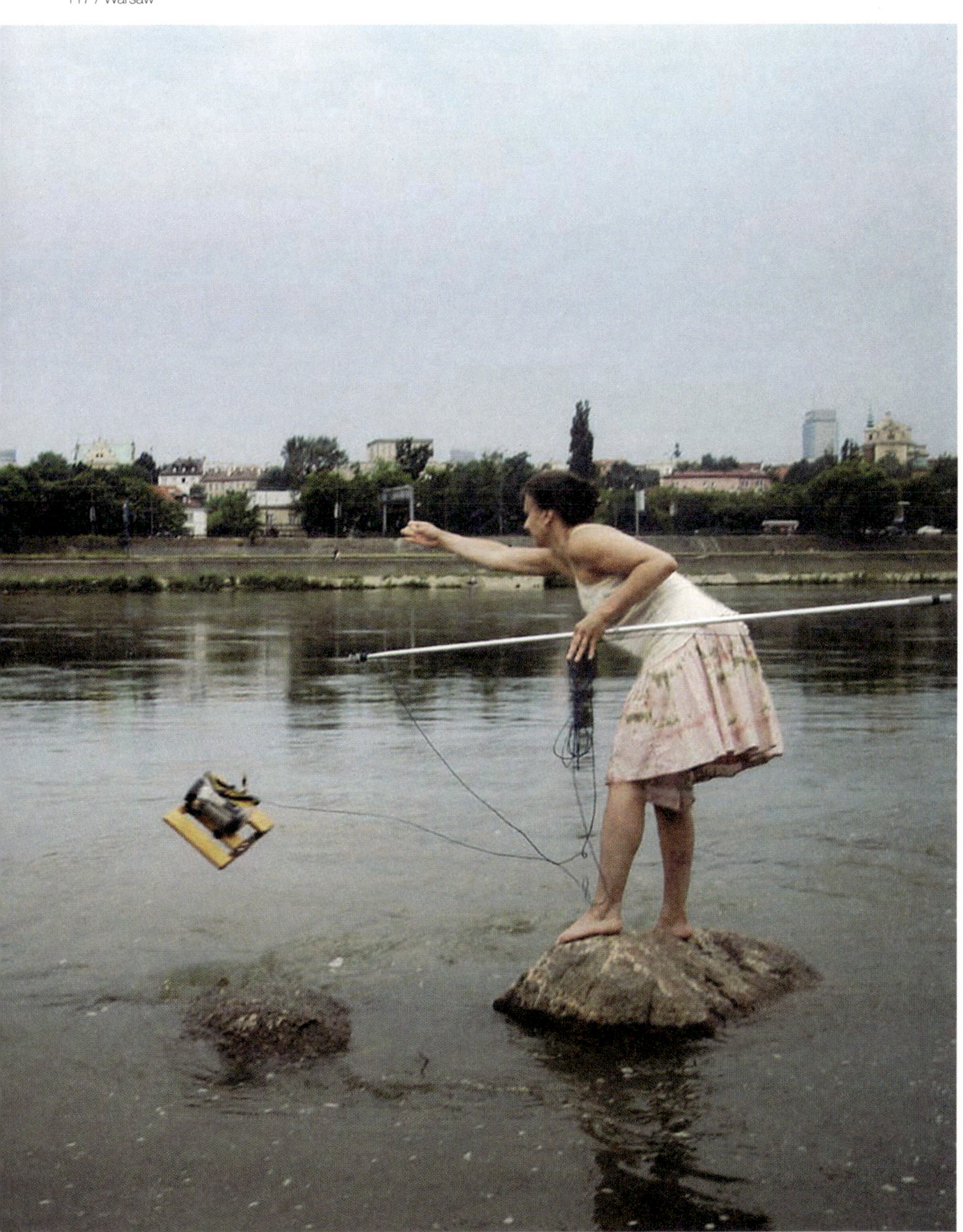

the scornful denials, on the other, is striking. Just as the first one is humiliated and mobilized by "Holocaust denial," so the second one is wounded and outraged by the "Katyń denial."

In the dispute over Gross's *Neighbours,* these separate remembrances collided with each other, and each of them began to claim for itself exclusive rights to truth. "The individual," the collective subject inside whom the collision occurred, got sick, and his illness was expressed in the splintering of "sensation" and "cognition," which are so precisely divided by now, that while the whole of the first one finds itself on the side of the public, the whole of the second one is on the side of historians and publicists. This is what gives us our current sense of the entire dispute. During the battle over Jedwabne, while the majority identified themselves, at times, with the victims and, at other times, with the perpetrators, the "professional participants of the debate" were in their post-traumatic state of numbness.

Were one to take this comparison between the Jedwabne dispute and the psyche of a traumatized individual one step further and ask if therapy for the patient were an option, the prognosis would be either to give him medicine to ward off the numbness or to teach him criticism. If we could suddenly imagine another, better world, this mention of medicine, in the context of the current historical discourse, could be viewed as something of a joke. But it is namely about empathy.

Worth remembering here is what empathy is not. It is not a full identification or unconditional "liking," in which, however noble the intentions might be, the second subject usually vanishes and in his place appears a leach-sympathizer, unconsciously appropriating other people's voice and attributes. As opposed to such kind of "liking," a real empathy would be a co-feeling, in which no one would play the role of a doctor or a health resort, and what would reconstitute the traumatic splintering would be an attention to one another and mutual respect, as well as an awareness that someone else's excruciating experience will never be ours. Not being some sort of mechanical compromise, empathy would have a chance to give reason to both sides of the dispute.

This could be a happy ending for post-remembrance. Thanks to empathy, the sensations of the public and cognition of "professional speakers in the debate" could be communicated again, unexpectedly creating a powerful opportunity for dialogue. The public would be enriched by a critical, exact and fully accessible memory, and artists would have to define a new role for themselves in society.

Translated from Polish by Alex Shannon

Pia Lindman

Trzy miasta, rzeki, pomniki

Three Cities, Rivers, Monuments

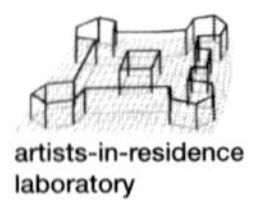

Teksty/Writers: Łukasz Gałecki, Nico Israel, Pia Lindman, Eva Scharrer, Christoph Tannert

Redakcja/Editors: Nuit Banai, Pia Lindman

Redakcja tekstów polskich/Editor for the Polish texts: Dagmara Poleć

Tłumaczenia/Translations: Łukasz Gałecki, Barbara Kopeć-Umiastowska, Sergiusz Kowalski, Warren Alex Shannon

Korekta/Proofreading: Nuit Banai, Jan Koźbiel

Zdjęcia/Images: Pia Lindman, Anastazja Kudra (strony/pages 4, 98, 117)

Projekt/Design and layout: Marianka Dobkowska, Krzysztof Bielecki

Książka ta została wydana jako efekt trzymiesięcznego pobytu twórczego Pii Lindman w studiach a-i-r laboratory w Centrum Sztuki Współczesnej Zamek Ujazdowski, czerwiec-sierpień 2006, w ramach Programu Wymiany Polsko-Amerykańskiej, kuratorka projektu Pii Lindman: Marianka Dobkowska/This book was published as a result of Pia Lindman's three-month residency at a-i-r laboratory, Centre for Contemporary Art Ujazdowski Castle, June-August 2006, in the frame of Polish-American Exchange Programme. Curator for Pia Lindman: Marianka Dobkowska.

Sponsorzy/Sponsors:

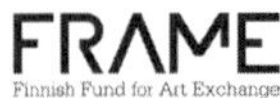

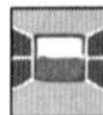

dofinansowano przez Ministerstwo Kultury i Dziedzictwa Narodowego w ramach Programu Operacyjnego „Promocja polskiej kultury za granicą" subsidized by the Ministry of Culture and National Heritage in the frame of Program Operacyjny „Promocja polskiej kultury za granicą"

Partnerzy/Partners:

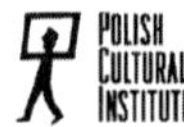
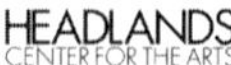

Wydawca/Publisher:

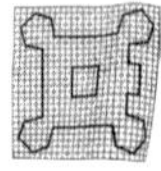

Centrum Sztuki Współczesnej
Zamek Ujazdowski
al. Ujazdowskie 6
00-461 Warszawa

ISBN: 83-85142-54-1